U0067119

運用多元智慧的課程與教學

以生活課程為例

歐慧敏／著

作者簡介

歐慧敏

現任：南華大學幼兒保育學系助理教授
　　　台南師範學院國民教育研究所兼任助理教授
學歷：國立政治大學教育學博士
　　　國立台南師範學院國民教育研究所碩士
　　　國立成功大學統計系畢業
經歷：南榮技術學院講師、助理教授
　　　慈濟大學兼任助理教授
　　　國立台南師範學院兼任講師
著作：《統整課程理念與實務》。台北：心理，民 89。與李坤崇合著。
　　　《學習評量單設計與實例》。台北：仁林文化，民 90。與李坤崇合著。

掌握契機，為自己的專業許下承諾
追求理想，為教育的理想開創春天

　　面對九年一貫課程的實施，第一線的教育工作者常有兩種極端的反應，一種是選擇退休逃離現場或不願面對現實，另一種為勇敢的面對或幸能恭逢其盛。記得前教育部長曾志朗博士提及「這次的教育改革，為願意成長的教師提供了一個無限成長的空間」。教師該如何掌握這難得的機會，來展現自己的專業，一掃「教育每個人都可以」的錯誤想法。

　　九年一貫課程秉持人本情懷、統整能力、民主素養、鄉土與國際意識、終身學習等五大基本理念，強調專業自主、課程統整、教材鬆綁、創新教學、多元評量等精神，上述理念與精神正符合回歸教育本質的精髓。或許有人質疑配套措施不夠周全、中央地方與學校未能環環相扣，卻鮮少有人質疑九年一貫課程的理念與精神。因此，九年一貫課程的問題應是執行面多於理想面，為化解執行層面的問題，或許我們應秉持著自己的專業知能，為現今的課程改革困境盡一分心力。

　　「多元智慧」理論乃發展中的理論，雖是一個尚未發展成熟的理論，然其想法，卻能與九年一貫課程不謀而合。多元智慧理論強調以個別學生為中心，每個學生均有其強勢智慧，課程、教學、評量亦均需多元而適性，才能給予每位學生公平的學習機會。在課程設計上多元智慧強調以學生為本位；在教學策略上強調顧及每位學生的強勢智慧，八大智慧的教學策略多元地運用；在評量上強調真實性評量。

　　本書亦秉持著上述的想法，第一章介紹了九年一貫課程、生活課程與多元智慧；第二章介紹多元智慧理論融入生活課程的課程設計與教學策略；第三章介紹多元智慧理論融入生活課程的教學評量；第四章介紹課程教學與評

量之實例；第五章介紹實例經實際教學後之評析。本書以國小一年級生活課程為例融入多元智慧理論，提出幾個單元的課程教學設計，將「多元智慧」理論的課程、教學與評量的理念介紹給大家，進行經驗分享，期能拋磚引玉，將此一理論推廣至實務現場。

　　最後，感謝台南市勝利國小林美英老師協助進行課程教學與評量的實例教學，並提出許多寶貴意見，才能使其設計更趨完善，在此獻上無限感激。

歐慧敏　　謹識

於台南

民國九十二年十二月

目　錄

第一章

九年一貫課程
與多元智慧

　運用多元智慧的課程與教學：以生活課程為例

教育部在民國八十二年頒布「國民小學課程標準」（教育部，1993）、八十三年頒布「國民中學課程標準」（教育部，1995），然因時代環境急遽變遷，國際人才競爭日益激烈，教育改革浪潮日益殷切，乃於民國八十九年九月公布「國民中小學九年一貫課程暫行綱要」（教育部，2000），於民國九十二年一月公布「國民中小學九年一貫課程綱要」的總綱及語文學習領域中的本國語文、英語、健康與體育學習領域、社會學習領域、藝術與人文學習領域、綜合活動學習領域及生活課程等之內容（教育部，2003）。

在這一次的九年一貫課程改革中，提供了一個彈性、多元的課程架構，允許教師在此架構下，充分專業自主，故本章先探討九年一貫課程中之課程綱要與舊課程中的差異、探究多元智慧，再分析其間的關係。

第一節 九年一貫課程

為了解九年一貫課程的理念與精神，唯有比較「國民中小學九年一貫課程綱要」與「國民小學課程標準」、「國民中學課程標準」（以下簡稱「舊課程」）的差異，為深入解析，以下就從課程目標、課程名稱、學校行政、學科分合、時間安排、學習內涵、教學方式與型態、教師專業自主、教材來源、教學評量、英語與母語教學，及家長參與等向度，逐一探討於下：

壹、課程目標比較

「國民小學課程標準」總綱中闡述其課程目標為「國民小學教育，以生活教育及品德教育為中心，培養德、智、體、群、美五育均衡發展之活潑兒童與健全國民為目的。」為實現本階段教育目的，須輔導兒童達成下列目標：(1)培養勤勞務實、負責守法的品德及愛家、愛鄉、愛國、愛世界的情操；(2)增進了解自我、認識環境及適應社會變遷的基本知能；(3)養成良好生活習慣，鍛鍊強健體魄，善用休閒時間，促進身心健康；(4)養成互助合作精神，增進群己和諧關係，發揮服務社會熱忱；(5)培養審美與創作能力，陶冶生活情趣；(6)啟迪主動學習、思考、創造及解決問題的能力；(7)養成價值判斷的能力，

發展樂觀進取的精神（教育部，1993）。

「國民中學課程標準」總綱指陳其目標為：「國民中學教育繼續國民小學教育，以生活教育、品德教育及民主法治教育為中心，培養德、智、體、群、美五育均衡發展之樂觀進取的青少年與健全國民為目的。」為實現本階段教育目的，須輔導學生達成下列目標：(1)培育自尊尊人、勤勞負責的態度，陶冶民族意識及愛家、愛鄉、愛國的情操，養成明禮尚義的美德；(2)啟迪創造、邏輯思考與價值判斷的能力，增進解決問題、適應社會變遷的知能，並養成終身學習的態度；(3)鍛鍊強健體魄及堅忍毅力，培養從事正當休閒活動的知能，增進身心的成熟與健康；(4)培養互助合作與民主法治的精神，增進群己和諧的關係，涵育民胞物與的胸懷；(5)增進審美與創作能力，培養熱愛生命與維護自然環境的態度，增進生活的意義與情趣（教育部，1995）。

「國民中小學九年一貫課程綱要」（教育部，2003）中指出教育之目的以培養人民健全人格、民主素養、法治觀念、人文涵養、強健體魄及思考、判斷與創造能力，使其成為具有國家意識與國際視野之現代國民。國民中小學之課程理念應以生活為中心，配合學生身心能力發展歷程；尊重個性發展，激發個人潛能；涵泳民主素養，尊重多元文化價值；培養科學知能，適應現代生活需要。國民教育之學校教育目標在透過人與自己、人與社會、人與自然等人性化、生活化、適性化、統整化與現代化之學習領域教育活動，傳授基本知識，養成終身學習能力，培養身心充分發展之活潑樂觀、合群互助、探究反思、恢弘前瞻、創造進取與具世界觀的健全國民。為實現國民教育階段學校教育目的，須引導學生致力達成下列課程目標：(1)增進自我了解，發展個人潛能；(2)培養欣賞、表現、審美及創作能力；(3)提升生涯規畫與終身學習能力；(4)培養表達、溝通和分享的知能；(5)發展尊重他人、關懷社會、增進團隊合作；(6)促進文化學習與國際了解；(7)增進規畫、組織與實踐的知能；(8)運用科技與資訊的能力；(9)激發主動探索和研究的精神；(10)培養獨立思考與解決問題（教育部，2003）。

李坤崇（2001，p.13）指出：「國民小學課程標準」、「國民中學課程標準」的目標均強調以培養生活教育、品德教育為中心，培養德、智、體、群、美五育均衡發展之健全國民，國小將重心置於培養活潑兒童，國中則強調民

主法治教育、培養樂觀進取之青少年。「九年一貫課程」則以培養國民健全人格、民主素養、法治觀念、人文涵養、強健體魄及思考、判斷與創造能力，使其成為具有國家意識與國際視野之現代國民為目標。

　　綜上所述，八十二年及八十四版的「國民小學課程標準」與「國民中學課程標準」均將焦點置於五育均衡發展的思維，而「國民中小學九年一貫課程綱要」則重於強化「人本情懷、統整能力、民主素養、鄉土與國際意識、終身學習」五個基本理念。

貳、課程名稱比較

　　歐慧敏、李坤崇（2002）指出教育部於八十二年修正公布「國民小學課程標準」，於八十三年修正發布「國民中學課程標準」，公布課程均用「標準」，而於九十一年研擬的「國民中小學九年一貫課程綱要」，則用「綱要」。

　　「國民小學課程標準」總綱在課程編制中明確指出：本課程標準是學校課程編制與實施之基準，學校各類各科課程、教材及其實施，須依據本課程標準中各項規定辦理（教育部，1993）。「國民中學課程標準」總綱亦指出：本課程標準是課程編制之基準，各科課程之編制，皆須以本課程標準為依據（教育部，1995）。

　　「國民中小學九年一貫課程綱要」在課程實施中則指出：各校應成立「課程發展委員會」，下設「各學習領域課程小組」，於學期開學前完成學校課程之規畫、設計教學主題與教學活動，由教師依其專長進行教學。另外，學校課程發展委員會應於每學年開學前，依語文學習領域占領域學習節數的20％～30％，其餘六學習領域各占領域學習節數10％～15％之百分比範圍內，合理適當分配各學習領域學習節數（教育部，2003）。

　　由上述發現：課程標準乃為制式化、統一化的基準、為全國學校所遵循的規範，亦因此難以適應學校，乃至學生的個別差異與地方生活習性，而由舊課程「課程標準」轉為九年一貫課程「課程綱要」，不僅對課程作適度的鬆綁，更可經由各校的「課程發展委員會」營造彈性多元的教育環境，讓學

校得以發展具其特色之課程，教師得以充分展現其專業自主。

參、學校行政比較

　　舊課程之科目與節數均明確規範於「國民中學教學科目及每週節數表」、「國民小學教學科目及每週節數表」中，國中可彈性處理部分，除選修課程及每週上課一節之科目，得隔週連排或集中一學期排課之外，僅「家政與生活科技」學校得視需要分為「家政」、「生活科技」教學，每週各排一節、隔週連排或隔學期連排；「童軍教育」上課方式，學校得視實際需要在童軍教育上課總節數內，以活動方式實施之（教育部，1995）。國小得視實際需要，在各年級至少增設一節，為彈性應用時間。另外，國中之各科教科用書，包括教科書、教師手冊、學生習作、實驗活動紀錄本等，由國立編譯館依據各科課程標準之規定，分別編定，而國小則由各出版社及國立編譯館依據各科課程標準之規定編輯教科書、教師手冊、學生習作，再由國立編譯館審定之（教育部，1993、1995）。可見，舊課程科目與節數留給學校行政彈性處理空間甚小，國中小僅能「奉命行事」執行部定的課程標準，因而有人稱全國國中、國小均是教育部直接辦理之學校，難以凸顯各校特色。

　　「國民中小學九年一貫課程綱要」在課程實施中首先要求：各校應成立「課程發展委員會」，下設「各學習領域課程小組」，於學期開學前完成學校課程之規畫、設計教學主題與教學活動，由教師依其專長進行教學；再則：課程發展委員會應充分考量學校條件、社區特性、家長期望、學生需要等相關因素，結合全體教師和社區資源，發展學校本位課程，並審慎規畫全校課程計畫；後規範：在符合基本領域學習節數的原則下，學校得打破學習領域界限，彈性調整學科及教學節數，實施大單元或統整主題式的教學。亦於學習節數中指出：在授滿領域學習節數的原則下，學校課程發展委員會可決定並安排每週各學習領域學習節數。更於課程評鑑中指出：學校應負責課程與教學的評鑑，並進行學習評鑑（教育部，2003）。

　　李坤崇（2001，p.15）認為：舊課程過度規範學校實施課程內涵，致使學校缺乏「學校本位」專業經營能力。從「九年一貫課程綱要」的實施要點中

發現：其為擺脫學校「奉命行事」邏輯，塑造「學校本位」的運作機制，讓學校得以學校、地方為出發點設計課程，不再有由上而下、全國統一的課程標準，引導由下而上的學校經營模式，激發學校本位課程發展，建立學校課程與教學自我評鑑制度，尊重教師專業自主，強化學校與教師績效責任。然而在實際與國中小學接觸後發現國中小對學校本位課程的發展觀念有待釐清，僅以 Marsh、Day、Hannay 與 McCutcheon（1990）「三向度學校本位課程發展類型」提醒學校本位課程發展以現況為基礎循序漸進的重要性。

Marsh、Day、Hannay 與 McCutcheon（1990）修正補充 Bardy 活動類型、參與人員所組成的「雙向度學校本位課程發展類型」，為「三向度學校本位課程發展類型」，詳見學校本位課程發展變化的方塊（圖 1-1），此類型至少可建構出六十四種可能的類型（李坤崇、歐慧敏，2000）。

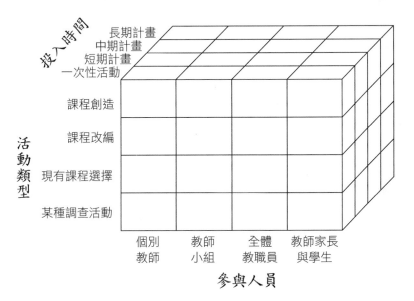

圖 1-1　學校本位課程發展變化的方塊

資料來源：*Reconceptualizing school-based curriculum development* (p.49), by Marsh, Day, Hannay & McCutcheon, 1990, London: The Falmer.

㈠活動類型

包含某種調查活動、現有課程選擇、課程改編、課程創造等四項，教師請學生進行學校或社區的調查，從現有課程找出學校或社區有關的內涵來設計活動，將現有課程改編或重組來設計課程以配合學校或社區特質，更可拋開現有課程設計新活動來融入學校或社區活動。教師可依據專業素養、學校與社區特質選取適切的活動類型。

㈡投入時間

可為一次性活動、短期計畫、中期計畫、長期計畫等四種時段，學校本位課程較少出現一次性活動，通常為短、中、長期計畫。短、中、長期計畫時間之劃分無法截然區隔，以國內實施學校本位課程初期，或許可以半學期以內活動者為短期計畫，以半學期至一學期者為中期計畫，以一學期以上者為長期計畫。學校甫實施學校本位課程建議先採短期計畫，待累積相當經驗後，逐漸發展中、長期計畫。

㈢參與人員

包括個別教師、教師小組、全體教職員、教師家長與學生等四項，參與人員投入意願、合作意願與其專業素養乃三向度學校本位課程發展的核心，若無人願意投入學校本位課程，則無從發展；若參與人員不能分工合作、發揮團隊精神，則發展歷程將爭執迭起、難以整合效能；若參與人員缺乏教育專業素養與設計統整課程知能，則設計課程可能偏離教育目標或疊床架屋。

學校本位課程發展可由「某種調查活動、一次活動、個別教師」的初階發展階段，到「現有課程選擇、短期計畫、教師小組」的進階發展階段，再到「課程改編、中期計畫、全體教職員」的精熟發展階段，後到「課程創造、長期計畫、教師家長與學生」的創新發展階段，由初階、進階、精熟、而創新階段循序漸進，切莫好高鶩遠，造成疲於奔命的現象。

肆、學科分合比較

「國民小學課程標準」總綱科目與節數中，列舉道德、健康、國語、數學、社會、體育、音樂、美術、輔導活動、團體活動、鄉土教學活動等十二科。涉及整合性概念者為科目與節數中僅指出：「團體活動」、「輔導活動」與「鄉土教學活動」，各校得視實際需要，採隔週連排方式實施。必要時，該三科亦得統籌規畫活動內容相互配合實施（教育部，1993）。

「國民中學課程標準」總綱科目與節數中，列舉國文、英語、數學、認識台灣社會篇、認識台灣歷史篇、認識台灣地理篇、公民與道德、歷史、地理、生物、理化、地球科學、健康教育、家政與生活科技、電腦、體育、音樂、美術、童軍教育、鄉土教學活動、輔導活動、團體活動等二十二科。涉及整合性概念者為科目與節數中指出：(1)社會學科，分一年級「認識台灣」和二、三年級「公民與道德」、「歷史」及「地理」四科教學；其中，「認識台灣」在加強對台澎金馬的認識，可分社會、歷史、地理三篇，每週各排一節；同時進行社會學科整合課程實驗；(2)「鄉土藝術活動」除應配合音樂、美術及其他有關科目教學外，各校亦得視地方特性，彈性安排與鄉土藝術文化有關之教學活動，指導學生參與學習。必要時，該科亦得與「童軍教育」、「輔導活動」、「團體活動」統籌規畫活動內容，相互配合實施（教育部，1995）。

「國民中小學九年一貫課程綱要」在學習領域中先指出：為培養國民應具備之基本能力，國民教育階段之課程應以個體發展、社會文化及自然環境等三個面向，提供語文、健康與體育、社會、藝術與人文、數學、自然與生活科技、及綜合活動等七大學習領域。再強調：學習領域為學生學習之主要內容，而非學科名稱，除必修課程外，各學習領域，得依學生性向、社區需求及學校發展特色，彈性提供選修課程。又指出：各學習領域主要內涵：(1)語文：包含本國語文、英語等，注重對語文的聽說讀寫、基本溝通能力、文化與習俗等方面的學習；(2)健康與體育：包含身心發展與保健、運動技能、健康環境、運動與健康的生活習慣等方面的學習；(3)社會：包含歷史文化、

地理環境、社會制度、道德規範、政治發展、經濟活動、人際互動、公民責任、鄉土教育、生活應用、愛護環境與實踐等方面的學習；⑷藝術與人文：包含音樂、視覺藝術、表演藝術等方面的學習，陶冶學生藝文之興趣與嗜好，俾能積極參與藝文活動，以提升其感受力、想像力、創造力等藝術能力與素養；⑸自然與生活科技：包含物質與能、生命世界、地球環境、生態保育、資訊科技等的學習、注重科學及科學研究知能，培養尊重生命、愛護環境的情操及善用科技與運用資訊等能力，並能實踐於日常生活中；⑹數學：包含數、形、量基本概念之認知、具運算能力、組織能力，並能應用於日常生活中，了解推理、解題思考過程，以及與他人溝通數學內涵的能力，並能做與其他學習領域適當題材相關之連結；⑺綜合活動：包含童軍活動、輔導活動、團體活動、及運用校內外資源獨立設計之學習活動（教育部，2000、2003）。

「九年一貫課程」以三個面向、七大學習領域取代「國民中學課程標準」的二十二科、「國民小學課程標準」的十二科，以整合化、生活化的學習取代支離瑣碎、疊床架屋的學習，以統整課程取代學科課程，來培養國中小學生基本能力。

由高浦勝義（1998）主張之「不同發展時期課程架構」（見圖1-2），可了解統整課程必須與實際生活結合，離開真實生活的課程將枯燥乏味，無法讓學生關心、感興趣。統整課程、學科中心課程的差別乃因不同發展時期而異，可見，課程設計者必須以學生關心感興趣的個人、社會生活為基礎，發展出適合其年齡、發展階段的課程，不必為統整而統整、為分科而分科。

第一期 (4.5～8 歲)	第二期 (9～11 歲)	第三期 (12～14 歲)	第四期 (15～18 歲)	第五期 (19～22 歲)		
未分化統合之課程	學科融合廣域編制的學習課程	分科性的學習課程			社會 自然 人文 健康	理論上的探討
生 活 綜 合 學 習 課 程					實際探討	整體的社會生活

圖 1-2　不同發展時期的課程架構圖

資料來源：高浦勝義（1998）。綜合性學習的理論、實踐與評量（p.95）。東京都：黎明書房。

🏃 伍、時間安排比較

「國民小學課程標準總綱」科目與節數中，除規定國民小學之每週上課一節為四十分鐘，亦明確列出「國民小學教學科目與每週節數表」（見表1-1）。

「國民中學課程標準總綱」科目與節數中，除規定國民中學之每週上課一節為四十五分鐘，亦明確列出「國民中學教學科目與每週節數表」（見表1-2）。

「國民中小學九年一貫課程綱要」關於學習節數之規定：(1)以全年授課日數兩百天（不含國定假日及例假日）、每學期上課二十週、每週授課五天為原則。惟每週上課天數應配合行政院人事行政局政府行政機關辦公日數之相關規定辦理；(2)學習總節數分為「領域學習節數」與「彈性學習節數」，各年級每週分配情形如表1-2；(3)每節上課以四十至四十五分鐘為原則（國小四十分鐘、國中四十五分鐘），惟各校得視課程實施及學生學習進度之需要，彈性調節學期週數、每節分鐘數，與年級班級的組合；(4)學校課程發展委員會應於每學年開學前，依下列規定之百分比範圍內，合理適當分配各學習領

表 1-1　國民小學教學科目及每週節數表

科目 \ 年級 節數		十二個學期總節數	一年級	二年級	三年級	四年級	五年級	六年級
道德與健康	道德	24	2	2	2	2	2	2
	健康							
國語		112	10	10	9	9	9	9
數學		52	3	3	4	4	6	6
社會		32	2	2	3	3	3	3
自然		44	3	3	4	4	4	4
藝能學科	音樂	24	2	2	2	2	2	2
	體育	32	2	2	3	3	3	3
	美勞	32	2	2	3	3	3	3
團體活動		8	0	0	1	1	1	1
輔導活動		8	0	0	1	1	1	1
鄉土教學活動		8	0	0	1	1	1	1
合　　　計		376	26	26	33	33	35	35

資料來源：教育部（1993）。國民小學課程標準（pp. 2-3）。台北市：教育部。

表 1-2 　國民中學教學科目及每週節數表

科目＼節數＼年級	六學期總節數		一年級		二年級	三年級	備註
國　文	30		5		5	5	
英　語	14+(2)		3		3	1+(1)	三年級（）中的節數，為教師實施個別差異教學時間
數　學	18+(4)		3		4	2+(2)	三年級（）中的節數，為教師實施個別差異教學時間
社會學科 認識台灣 社會	6	2	3	1			
社會學科 認識台灣 歷史		2		1			
社會學科 認識台灣 地理		2		1			
社會學科 公民與道德	8				2	2	
社會學科 歷史	8				2	2	
社會學科 地理	8				2	2	
自然學科 生物	6		3				
自然學科 理化	12+(4)				4	2+(2)	
自然學科 地球科學	2					1	
健康教育	4		2				
家政與生活科技	12		2		2	2	
電腦	4				1	1	
藝能學科 體育	12		2		2	2	
藝能學科 音樂	8		2		1	1	
藝能學科 美術	8		2		1	1	
童軍教育	6		1		1	1	
鄉土教學活動	2		1				
輔導活動	6		1		1	1	
團體活動	12		2		2	2	
選修科目	10-20		1-2		2-3	2-5	
合計	196+(10)- 206+(10)		33-34		35-36	30+(5)- 33+(5)	

資料來源：教育部（1995）。國民中學課程標準（pp. 2-5）。台北市：教育部。

域學習節數為語文學習領域占領域學習節數的 20%～30%；健康與體育、社會、藝術與人文、自然與生活科技、數學、綜合活動等六個學習領域，各占領域學習節數之 10%～15%；(4)在授滿領域學習節數的原則下，學校課程發展委員會可決定並安排每週各學習領域學習節數（教育部，2003）。彙整九年一貫課程語文與六學習領域學習節數及其上下限，分析詳見表1-3。

表1-3　九年一貫課程語文與六學習領域學習節數分析

年級	學習總節數	彈性學習節數	領域學習節數	語文上限	語文下限	六領域上限	六領域下限
				30 %	20 %	15 %	10 %
一	22～24	2～4	20	6	4	3	2
二	22～24	2～4	20	6	4	3	2
三	28～31	3～6	25	7.5	5	3.75	2.5
四	28～31	3～6	25	7.5	5	3.75	2.5
五	30～33	3～6	27	8.1	5.4	4.05	2.7
六	30～33	3～6	27	8.1	5.4	4.05	2.7
七	32～34	4～6	28	8.4	5.6	4.2	2.8
八	32～34	4～6	28	8.4	5.6	4.2	2.8
九	33～35	3～5	30	9	6	4.5	3.0

註：全學年教學總週數四十週。

　　李坤崇（2001，p.19）指出「九年一貫課程」與舊課程在學習時間的安排之五項差異如下：(1)將教學節數改為學習節數，強調「以學生為中心」的理念；(2)將各個科目每週節數改為學習總節數（領域學習節數、彈性學習節數），且訂定語文學習領域占領域學習節數的 20%～30%；其餘六個學習領域，各占領域學習節數之 10%～15%，授權學校決定約五分之一的彈性學習時間，由學校老師、學生彈性運用；(3)每節分鐘數由固定到原則性規範，舊

課程規定每節上課時間為國小四十分鐘、國中四十五分鐘,九年一貫課程則改為以四十至四十五分鐘為原則(國小四十分鐘、國中四十五分鐘),各校得視課程實施及學生學習進度之需要,彈性調節每節分鐘數;(4)每學期週數由舊課程之固定週數改為各校得視課程實施及學生學習進度之需要,彈性調節學期週數;(5)上課時間減少,九年一貫課程降低上課天數由舊課程一年上課兩百二十至兩百五十天減到全年授課日數以兩百天為原則。可見,「九年一貫課程」增加彈性學習節數,不僅可讓教師擁有更多彈性自主空間,更可引導學校發展特色與培養學生自主學習的習慣。

陸、學習內涵比較

「國民小學課程標準」總綱的七項課程目標中僅第五項到第七項強調:培養審美與創作能力,啟迪主動學習、思考、創造及解決問題的能力,以及養成價值判斷的能力。且頗強調知能或精神,如增進了解自我、認識環境及適應社會變遷的基本知能;養成互助合作精神;發展樂觀進取的精神(教育部,1993)。

「國民中學課程標準」總綱的五項課程目標中僅第二、五項強調:培養啟迪創造、邏輯思考與價值判斷的能力,及增進審美與創作能力。且敘述以知能或態度為主,如培育自尊尊人、勤勞負責的態度;增進解決問題、適應社會變遷的知能,並養成終身學習的態度;培養從事正當休閒活動的知能;培養熱愛生命與維護自然環境的態度(教育部,1995)。

「國民中小學九年一貫課程綱要」的課程十項目標與基本能力相互呼應,指出十項課程目標以培養具十項國民教育基本能力為指標。且強調國民教育階段的課程設計應以學生為主體,以生活經驗為重心,培養現代國民所需的十大基本能力:(1)了解自我與發展潛能;(2)欣賞、表現與創新;(3)生涯規畫與終身學習;(4)表達、溝通與分享;(5)尊重關懷與團隊合作;(6)文化學習與國際理解;(7)主動探索與研究;(8)獨立思考與解決問題;(9)運用科技與資訊;(10)規畫、組織與執行(教育部,2003)。

歐慧敏、李坤崇(2002)指出:「九年一貫課程」強調培養學生帶得走

的能力，而非純粹知識記憶的結果，教學重心以展現學生能力的課程教學設計為主，「九年一貫課程」以十大基本能力為課程目標的主軸，不僅在精神上較舊課程強調「能力」，在措辭上亦凸顯「能力」，如九年一貫課程用「終身學習能力」、「培養獨立思考與解決問題的能力」，舊課程用「終身學習態度」、「增進解決問題、適應社會變遷的知能」。可見，「九年一貫課程」除以知識為基礎外，更強調以能力強化知識的學習內涵，教師必須因應調整其不同的教學策略，方能落實能力強化知識的理念。

柒、教學方式與型態比較

「國民小學課程標準」總綱在教學實施中，強調下列三點：(1)教師應依據學科性質及學生能力，採用適當之教學方法，達成教學目標；教學前須妥善準備，充分利用圖書館，廣用教學設備、視聽媒體與社會資源，充實教學內容；並須重視情境布置、教室管理，提高教學效能；(2)教師須充分了解兒童之能力、健康、情緒、生活習慣、家庭狀況與學業程度等，切實實施個別輔導與團體輔導；(3)學生學習活動應根據學生程度，安排適量作業，鼓勵學生主動查檢資料，其方式及內容，應重視生動活潑、激發思考、創造、解決問題能力，並充分給予發表的機會及有效的鼓勵（教育部，1993）。

「國民中學課程標準」總綱在教學實施中，強調：(1)教師教學前應充分了解學生能力、興趣，編定單元教學計畫，安排適當教學情境，善用圖書館及視聽教學媒體，有效實施教學；(2)教師宜依據單元教學計畫，採用生動活潑的教學方法，設計室外教學或指定富有創意之適量作業，重視班級經營，激勵學習動機，和諧師生關係，以提高教學效果；(3)教師應把握教學原則，重視五育均衡發展，除指導學生獲得知識與技能外，應兼顧興趣、情操、態度、理想之培養；(4)教師在教學中，應重視學生個別差異，適時提供充實及補救學習之機會。對資賦優異、身心障礙等學生，均應力求因材施教，啟發學生潛能（教育部，1995）。

「國民中小學九年一貫課程綱要」中並無「教學實施」一節，因其由教學時數轉為學習節數，且由國小十二科、國中二十二科簡化為個體發展、社

會文化及自然環境等三大面向，以此三大面向下分為語文、健康與體育、社會、藝術與人文、數學、自然與生活科技及綜合活動等七大學習領域。其中教師的角色由舊課程中的「知識的權威者」、「教室中的主角」到「九年一貫課程」的「資源方法的提供者」、「教室中的配角」；過程中，由以往的主動出擊到現今的被動提供學生學習所需的各項協助，故其教學方式亦由舊課程的「以教師為主」到九年一貫課程的「以學生為主」（歐慧敏、李坤崇，2002）。

「國民中學課程標準」、「國民小學課程標準」於總綱中，均未述及協同教學，然因以往課程均採學科教學，使得教師教學絕大多數均採「單打獨鬥」的教學方式，衍生各科教學互不連貫的現象。

「國民中小學九年一貫課程綱要」之「伍、學習領域」中，明確指出「學習領域為學生學習之主要內容，而非學科名稱」，且其基本理念強調「培養學生理性與感性之調和、知與行之合一，人文與科技整合等統整能力」，因而，協同教學在九年一貫課程扮演關鍵性角色。

實施九年一貫課程後，學校應調節全校老師授課專長與授課時間，使教師運用協同教學，發揮所長達成各單元之教學成效，並均衡教師間之工作負擔。學校安排教學任務時，教師得擔任某一學習領域或跨越數個學習領域之教學，而同一學習領域之教師同儕，可依其個人專長與研究興趣進行教學分工，並運用主題統整、協同教學之概念與策略進行教學。另外，同一單元主題，亦可由數位教師相互搭配專長共同教學（歐慧敏、李坤崇，2002）。

上述分析，不管在教學的方式或型態上，舊課程均把重心置於教師的身上，以教師教學為課堂中的主體，而九年一貫課程則將焦點擺在學生的身上，一切的教學方式或型態，均以學生的利益作考量。

捌、教師專業自主比較

「國民小學課程標準」總綱在教學實施中，強調：教師應積極參與校內外教學進修及研習活動，以增進專業知能，提升教學品質（教育部，1993）。「國民中學課程標準總綱」亦於教學實施中，指出：教師應積極主動參與校

內外研究、進修或研習活動，增進教學知能，以提高教學品質（教育部，1995）。

　　「國民中小學九年一貫課程綱要」在修訂緣起中，指出：教育部依據行政院核定之「教育改革行動方案」，進行國民教育階段之課程與教學革新，鑑於學校教育之核心為課程與教材，此亦為教師專業活動之根據，乃以九年一貫課程之規畫與實施為首務。顯見，九年一貫課程改革與教師專業活動息息相關（教育部，2003）。

　　「國民中小學九年一貫課程綱要」在「課程實施」中，強調各校應成立「課程發展委員會」，此會必須規畫學校總體課程計畫，於每學年開學前一個月，將整年度學校總體課程計畫送所轄縣市政府教育行政主管機關備查後方能實施。在「學習節數」中，除強調在授滿領域學習節數的原則下，學校課程發展委員會可決定並安排每週各學習領域學習節數之外，更指出：「彈性學習節數」可由學校自行規畫辦理全校性和全年級活動、執行依學校特色所設計的課程或活動、安排學習領域選修節數、實施補救教學、進行班級輔導或學生自我學習等活動。在「教材編輯、審查及選用」中，明列：學校得因應地區特性、學生特質與需求，選擇或自行編輯合適的教材，**惟全年級或全校全學期使用之自編自選教材**應送交「課程發展委員會」審查。由上述規範可發現：學校選擇或自行編輯合適的教科用書和教材，以及編選彈性學習時數所需的課程教材，選擇、自行編輯或編選的重責大任將在教師身上。

　　李坤崇（2001）強調：「九年一貫課程」較舊課程賦予教師更多專業自主的權利，亦要求教師相對提升專業的義務。然而「課程標準」則未賦予教師自編教材的自主權，亦未要求學校成立課程發展委員會，負責審查自編教材。

　　從上述分析，舊課程中提到的教師專業自主，僅強調教師如何利用教學策略，來提升教學知能，對於課程的部分，只要是課本上有的就不敢少上，遑論修改編課本上的內容；而「九年一貫課程」則強調教師提升專業能力，授權教師可自編、修改編教材內容，以滿足學生不同的需求。

⚘ 玖、教材來源比較

「國民小學課程標準」總綱在課程編制中，指出：教師應採用部編或審定之教科用書並依教科用書及其他教學參考資料，對教學作系統之設計安排，切實達成學科教學目標。在教材編選中，明列：各科教材之實施與運用，教師宜斟酌規定教學節數，兒童個別差異及時令季節與地區需要等，彈性規畫安排（教育部，1993）。

「國民中學課程標準」總綱在課程編制中，強調：各科教科用書，包括教科書、教師手冊、學生習作、實驗活動紀錄本等，由國立編譯館依據各科課程標準之規定，分別編定或審定之。在教材編選中，明列：各科教材之編選，教師宜權衡教材內容、學生需要，適時補充時事、地方特色及生活應用資料等；但以不超過學生負擔為原則（教育部，1995）。

「國民中小學九年一貫課程綱要」中，關於教材編輯、審查及選用，課程實施之規定如下：(1)國民中小學教科用書應依據課程綱要編輯，並經由審查機關（單位）審定通過後，由學校選用。審查辦法及標準由教育部另定之；(2) 學校得因應地區特性、學生特質與需求，選擇或自行編輯合適的教材，**惟全年級或全校全學期使用之自編自選教材**應送交「課程發展委員會」審查（教育部，2003）。

李坤崇（2001）指出舊課程中規範教師應採用部編或審定之教科用書，並依教科用書及其他教學參考資料實施教學，教師彈性規畫教材之實施與運用或適時補充時事、地方特色及生活應用資料，未明確指出教師可自行編輯合適的教科用書和教材。然而，九年一貫課程強調教師可選擇或自行編輯合適的教科用書和教材，以及編選彈性學習時數所需的課程教材。

舊課程著重教師運用教材的能力，而九年一貫課程進一步要求教師修編教材的能力，教師可依據課程綱要、能力指標研發學習領域教材或設計發展學校特色的彈性學習教材。可見，九年一貫課程不僅賦予教師自編教材任務，亦提供法源基礎。

꒰ 拾、教學評量比較

「國民小學課程標準」總綱在教學評量中，指出：(1)教學評量是教學過程的一部分，教學評量須就德、智、體、群、美五方面實施之；(2)教學評量應以幫助兒童明瞭學習情形，教師了解教學得失為目的，並依據評量過程與結果實施學習輔導；(3)教學評量之內容，須涵蓋認知、技能及情意等方面。教師應按學科性質與評量目的，相機酌用各種評量方法；(4)教學評量應隨時記錄，其結果除作為改進教材教法的參考外，並適時通知學生及家長；(5)主管教育行政機關得就課程編制、教材編選、教學實施、教學評量等作整體或抽樣評鑑；並依據評鑑結果，提供各校具體的改進措施（教育部，1993）。

「國民中學課程標準」總綱在教學評量中，指出：(1)教學評量應同時兼顧德、智、體、群、美五育之精神實施之；(2)教學評量應注重學生學習困難之分析診斷，以幫助師生明瞭學習情形及教導成效為目的。並依據評量結果實施充實或補救教學；(3)教學評量內容應涵蓋認知、技能、情意三大領域；(4)教學評量的方法，宜採多元化方式實施，包括觀察、實作、表演、口試、筆試、作業練習、研究報告等，教師應按學科性質，相機酌用並隨時記錄，適時將學生個別成績通知家長；(5)教師應針對具有特殊潛能及學習障礙學生，依據個別化評量結果，實施教學以適應學生個別差異；(6)主管教育行政機關得就課程編制、教材編選、教學實施、教學評量等作整體或抽樣評鑑；並依據評鑑結果，提供各校具體的改進措施（教育部，1995）。

「國民中小學九年一貫課程綱要」在教學評量中，規定：(1)有關學生之學習評量，應參照學生成績評量準則之相關規定辦理，其辦法由教育部另定之；(2)教育部為配合高中職多元入學制度之推動，應參酌本課程綱要內容舉辦「國民中學基本學力測驗」，據以檢視學生學習成效，其分數得作為入學之參據；(3)有關國民中學基本學力測驗之編制、標準化及施測事宜，應參照國民中小學暫行課程綱要之能力指標及相關法令之規定辦理（教育部，2003）。

舊課程闡述教學評量著重五育評量，內容兼顧認知、技能、情意三方面，

方法強調多元化評量，結果宜隨時記錄並適時個別通知學生及家長。然而，實施多年來，似乎僅著重智育而忽略其他四育，把焦點置於認知而輕忽技能與情意，評量方法仍以紙筆測驗為尊，評量結果大多於學期末以一張 A4 或 B5 的紙告知。

「九年一貫課程」雖未於綱要的整體實施要點中明確指出評量重心、內容、方法、結果，但在各學習領域的實施要點中，均強調多元化評量、形成性評量，主張評量內容須兼顧認知、技能、情意三方面，強化評量結果解釋的人性化與通知的即時化。可見，「九年一貫課程」針對舊課程中實施的缺陷或偏差，予以改善，繼續強調人性化、多元化教學評量的理念，並要求減少單一化的紙筆評量模式。

拾壹、英語、母語教學比較

「國民小學課程標準」總綱在科目與節數中，所有教學科目無「英語」科目，欲實施英語教學必須運用「彈性應用時間」。在科目與節數中，明列：「鄉土教學活動」，三至六年級實施，除應配合各科教學外，各校亦得視地方特性，彈性安排方言學習及鄉土文化有關之教學活動，指導學生學習。另外，在教學實施中，指出：教師除在「鄉土教學活動」與「團體活動」，基於需要得使用方言教學外，其他課程之教學應使用國語，並應以學生經驗及需要為基礎，兼顧認知、技能、情意之範疇，設計群性與個性均衡發展之活動，務期激發學習興趣，養成學習能力（教育部，1993）。

「國民中小學九年一貫課程綱要」在實施期程中，明列「國小五、六年級於九十學年度同步實施英語教學」。在選修課程中，指出：⑴國小一至六年級學生，必須就閩南語、客家語、原住民語等三種鄉土語言任選一種修習，國中則依學生意願自由選習。學校亦得依地區特性及學校資源開設閩南語、客家語、原住民語以外之鄉土語言供學生選習；⑵學校可視校內外資源，開設英語以外之第二外國語言課程，供學生選習。其教學內容及教材得由學校自行安排（教育部，2003）。

李坤崇（2001）指出舊課程國小未要求實施英語教學，方言學習須於國

小三至六年級運用「鄉土教學活動科目」實施。「九年一貫課程」因應國際化趨勢，國小五、六年級學生將於九十學年度開始實施英語教學；因應本土化潮流，自九十學年度起國小一至六年級學生必須就閩南語、客家語、原住民語等三種鄉土語言任選一種修習，國中則依學生意願自由選習。

拾貳、家長參與比較

「國民小學課程標準」及「國民中學課程標準」均未納入家長參與部分，更未顧及家長的需求與期望。

在國民中小學九年一貫課程綱要發展歷程的專案小組或所有委員會，如八十六年組織的「國民中小學課程發展專案小組」、八十七年組織的「國民中小學各學習領域綱要研修小組」、八十八年組織的「國民中小學課程修訂審議委員會」，均有家長代表參與。「國民中小學九年一貫課程綱要」之課程實施中亦明列「學校課程發展委員會的成員應包括學校行政人員代表、年級及領域教師代表、家長及社區代表等，必要時得聘請學者專家列席諮詢」，「學校課程發展委員會應充分考量學校條件、社區特性、家長期望、學生需要等相關因素，結合全體教師和社區資源，發展學校本位課程，並審慎規畫全校課程計畫」，及「各校應於開學前，將學校課程計畫送所轄縣市政府教育行政主管機關備查。並於開學兩週內將班級教學活動之內容與規畫方式告知家長。」

實施九年一貫課程之後，學校課程發展委員會之組織與學校課程計畫之發展，均須由家長參與或顧及家長因素。另外，更建立「家長告知制度」，要求學校應於開學兩週內將班級教學活動之內容與規畫方式告知家長，乃九年一貫課程的一大創舉。

綜合上述分析，九年一貫課程不管在課程的目標、課程名稱、學校行政、學科分合、時間安排、學習內涵、教學方式與型態、教師專業自主、教材來源、教學評量、英語與母語教學、及家長參與上均有顯著的差異，在這之中課程的鬆綁與教師專業自主能力的提升，乃屬最重要的部分，教師如何掌握這個契機營造出自己的專業形象，乃是大家值得一起努力的地方。

第二節 生活課程

九年一貫課程為配合學生的發展與學習的負荷量，將社會學習領域、藝術與人文學習領域及自然與生活科技學習領域，在第一學習階段合為一個「生活課程」（教育部，2003）。以下茲就生活課程的理念、內涵，及對其評析分述於後：

壹、理念、內涵

依據教育部，民國八十九年九月三十日擬定的「國民中小學九年一貫課程暫行綱要實施要點」（教育部，2000），以及「國民中小學九年一貫課程綱要」（教育部，2003），二者述及九年一貫課程「生活課程」課程綱要的基本理念、課程目標、能力指標與十項基本能力的關係及生活課程之評析分別闡述於後：

一、基本理念

「國民中小學九年一貫課程綱要」中指出（教育部，2003）：「九年一貫課程中在國小第一學習階段將國民小學低年級課程乃屬國民教育之開端，特別應以生活為中心，統整人與自己、人與社會、人與自然的關係，發展生活中的各種互動與反省能力，奠定從生活中學習的基礎。」

由上述基本理念可發現生活課程具有下列特色：

(一)統整中的統整

國小一年級學生剛從幼稚園進入學校，為提升其對學校生活的適應，並配合其發展，乃在國小第一學習階段（小一、小二）統整社會、藝術與人文、自然與生活科技此三個學習領域合成「生活課程」，而社會、藝術與人文、自然與生活科技三個學習領域原已是統整的學習領域，故「生活課程」可稱

為「統整中的統整」（楊思偉，2001）。

(二)學童是學習的主體

　　生活課程強調以學生為中心的課程設計模式，重視以學生生活經驗為基礎的學習，使學生的學習與其生活情景及經驗相結合，來提升學生的學習興趣，並從中習得基本能力，為其適應現代生活作準備。

(三)重視體驗性的學習活動

　　體驗活動乃指能直接接觸自然或文化的活動。因現代生活的急遽變化，而知識的過度分化易導致與生活現狀剝離，而影響學生的學習興趣與意願，從杜威的「做中學」的理論，可發現透過直接且主動與學生的生活環境互動與反省的學習方式，去觸動學生的身心，使其能願意感受和接近身邊的事物，以培養認識環境的能力。

(四)增加設計教學空間的自主性

　　生活課程的主要目的在於融合學生自然的生活與遊戲活動，使其能參與群體生活、與人溝通交往、互助合作，能用心觀察、覺察周圍環境的變化、感受動、植物活潑的生機，亦能用自己的語言、圖畫、動作或歌唱來表達內心的感受。因此，教師進行教學活動時能一齊專業自主彈性運用有關社會、藝術與人文、自然與生活科技學習領域的教學策略，進行教學。

二、課程目標

　　生活課程的課程目標分成「人與自己」、「人與社會」、「人與自然」三個向度來加以闡述，其中「人與自己」、「人與社會」的目標主要透過社會、藝術與人文兩個領域達成，而「人與自然」的目標則透過自然與生活科技領域來達成。以下茲就「人與自己」、「人與社會」、「人與自然」三個向度來說明生活課程的課程目標：

(一)人與自己

1.從藝術探索、欣賞與表現活動當中，覺知個人與環境的關係，感受創作的喜悅與樂趣，並豐富個人的心靈生活。

2.透過生活體驗，覺察自己的成長、潛能、身心健康，以及自主能力。

(二)人與社會

1.認識自身周圍環境的特性與變化，覺察到社會中的各種網絡關係，進而關懷自己的周遭環境。

2.樂於參與各種藝術活動，擴展文化與藝術視野。

(三)人與自然

1.喜歡觀察環境中的事物，獲得發現的樂趣。

2.認識、了解並關懷周邊的動、植物。

3.喜歡利用簡單的器材，製作各種玩具或器具。

由以上課程目標觀之，「生活課程」所重視的並非是學生養成專業的技能，而是希望透過貼近日常生活情境，進行多方面的認識、體驗與探索來統整「人與自己」、「人與社會」及「人與自然」，將知識生活化，使學生在快樂的情境中達成學習目標（吳萬萊，2001；柯啟瑤，2001）。郭元祥（2002）指出：在基礎教育中，其課程內容應具生活性、現實性、實踐性、探究性與建構性。然從上述的課程目標中亦發現：在國小第一學習階段的「人與自然」的目標係透過自然與生活科技領域來達成，但上述的三條課程目標中卻未涵蓋自然與生活科技領域的主要能力指標，如科學過程技能除觀察外，尚有歸類、比較、實驗……等；科學知識除動、植物外，尚有物理現象的基礎知識；科學精神除製作玩具外，尚有計畫、合作、主動等，若能在課程目標中呈現出來，更能看出課程的全貌（秦葆琦，2000）。

三、能力指標與十項基本能力的關係

依據教育部（2003）「國民中小學九年一貫課程綱要實施要點」指出，在國小第一學習階段將「社會學習領域」、「藝術與人文」、「自然與生活科技」三個領域合為生活課程，其能力指標大部分來自此三個領域。全部能力指標共六十一條，分成九個主題軸：(1)認識周圍環境；(2)體驗個人與群體生活；(3)察覺社會與生態關係；(4)探索與表現；(5)審美與理解；(6)實踐與應用；(7)發展科學過程技能；(8)提升科學認知；(9)涵養科學精神。其中(1)至(3)主題軸屬社會學習領域、(4)至(6)主題軸屬藝術與人文學習領域、(7)至(9)主題軸屬自然與生活科技學習領域。特別整理能力指標與十項基本能力的關係表（見表1-4），闡述能力指標、十項基本能力的關係。因第八個主題軸屬科學認知部分無法歸入屬情意的十大基本能力，故在表1-4中均未出現，而將第八個主題的七條能力指標加列於表1-5。

表1-4中能力指標「a-b-c」的編號涵義為：(1)「a」代表主題軸的編號，本課程分為九大主題軸：認識周圍環境、體驗個人與群體生活、察覺社會與生態關係、藝術探索與創作、審美與思辨、文化理解、發展科學過程技能、提升科學認知、涵養科學精神，故a的編號是由1至9號；(2)「b」代表學習階段；(3)「c」代表能力指標的主題軸內的流水編號。

✍ 貳、生活課程的評析

從上述分析，國小第一學習階段將「社會」、「藝術與人文」、「自然與生活科技」等三個學習領域合成一個「生活課程」，其一種基本的考量應為國小低年級學生的「身心發展特性」：其思考與行動均未分化，並把幼稚園與低年級的一貫性列為考慮。為了解「生活課程」的內涵乃與鄰近正推行教育改革的日本相較，以期對生活課程有更進一步的了解，並依此對「生活課程」之課程設計掌握的更精確（歐慧敏，2002）：

表 1-4　十大基本能力與生活課程能力指標

基本能力	能力指標		原屬學習領域
一、了解自我與發展潛能	2-1-1（5-1-1）覺察自己可以決定自我的發展 2-1-2（5-1-2）描述自己身心的變化與成長 2-1-4（5-1-4）了解自己在群體中可以同時扮演多種的角色		社會
	4-1-1（1-1-1）嘗試各種媒材，喚起豐富的想像力，以從事視覺、聽覺、動覺的藝術活動，感受創作的喜樂與滿足 4-1-2（1-1-2）運用視覺、聽覺、動覺的藝術創作形式，表達自己的感受和想法 5-1-1（2-1-5）接觸各種自然物、人造物與藝術作品，建立初步的審美經驗		藝術與人文
	1a 樂於和同學一起工作一起遊戲 1b 能依遊戲規則，扮演自己的角色	9-1-3（6-1-1-1）察覺自己對很多事物也有自己的想法，它們有時也很管用 9-1-4（6-1-2-1）養成動手做的習慣，察覺自己也可以處理很多事 9-1-10（5-1-1-2）喜歡將自己的構想，動手實作出來，以成品來表現 9-1-11（6-1-1-2）培養將自己構想動手實作出來，以成品表現的習慣	自然與生活科技
二、欣賞、表現和創新	1-1-5（4-1-1）藉由接近自然，進而關懷自然與生命		社會
	4-1-1（1-1-1）嘗試各種媒材，喚起豐富的想像力，以從事視覺、聽覺、動覺的藝術活動，感受創作的喜樂與滿足 4-1-2（1-1-2）運用視覺、聽覺、動覺的藝術創作形式，表達自己的感受和想法 4-1-3（1-1-3）使用媒材與藝術形式的結合，進行藝術創作活動 4-1-4（1-1-4）正確、安全、有效的使用工具或道具，從事藝術創作及展演活動 5-1-1（2-1-5）接觸各種自然物、人造物與藝術作品，建立初步的審美經驗 5-1-2（2-1-6）體驗各種色彩、圖像、聲音、旋律、姿態、表情動作的美感，並表達自己的感受 5-1-3（2-1-7）參與社區藝術活動，認識自己生活環境的藝術文化，體會藝術與生活的關係 5-1-4（2-1-8）欣賞生活周遭與不同族群之藝術創作，感受多元文化的特質，並尊重藝術創作者的表達方式		藝術與人文

	1a 察覺小動物、小花小草的可愛 1b 樂於把心中所想的圖樣描繪、動手摺疊出來	9-1-7（5-1-1-1）喜歡探討，感受發現的樂趣 9-1-10（5-1-1-2）喜歡將自己的構想，動手實作出來，以成品來表現 9-1-11（6-1-1-2）培養將自己構想動手實作出來，以成品表現的習慣	自然與生活科技
三、生涯規畫與終身學習	2-1-3（5-1-3）舉例說明自己的發展與成長會受到家庭與學校的影響		社會
			藝術與人文
	1a察覺生活周遭常有令人驚奇的事物發生 1b喜愛探討與詢問究竟	9-1-4（6-1-2-1）養成動手做的習慣，察覺自己也可以處理很多事 9-1-7（5-1-1-1）喜歡探討，感受發現的樂趣	自然與生活科技
四、表達、溝通與分享	1-1-2（1-1-2）描述住家與學校附近的環境 1-1-4（2-1-2）描述家庭定居與遷徙的經過		社會
	4-1-2（1-1-2）運用視覺、聽覺、動覺的藝術創作形式，表達自己的感受和想法 5-1-2（2-1-6）體驗各種色彩、圖像、聲音、旋律、姿態、表情動作的美感，並表達自己的感受 6-1-1（3-1-9）透過藝術創作，感覺自己與別人、自己與自然及環境間的相互關聯		藝術與人文
	1a學習運用合適的辭彙語法表達事物的特徵 1b知道由圖書或別人的陳述中，可獲得許多資訊	7-1-1（1-1-1-1）運用五官觀察物體的特徵（如顏色、敲擊聲、氣味、輕重…） 7-1-2（1-1-1-2）察覺物體有些屬性會因某變因改變而發生變化（如溫度升高時冰會融化） 7-1-9（1-1-5-1）學習運用合適的語彙，來表達所觀察到的事物（例如水的冷熱能用燙燙的、熱熱的、溫溫的、涼涼的、冰冰的來形容） 7-1-10（1-1-5-2）嘗試由別人對事物特徵的描述，知曉事物 7-1-11（1-1-5-3）養成注意周邊訊息做適切反應的習慣 9-1-1（3-1-0-1）能依自己所觀察到的現象説出來	自然與生活科技

五、尊重、關懷與團隊合作	2-1-5（6-1-1）舉例說明個人或群體為實現其目的而影響他人或其他群體的歷程		社會
	6-1-2（3-1-10）養成觀賞藝術活動或展演活動時應有的秩序與態度		藝術與人文
	1a 能因友善和喜愛，關懷別人感受 1b 能參與團體活動，分擔責任，分享榮耀	9-1-6（6-1-2-3）學習如何分配工作，如何與人合作完成一件事	自然與生活科技
六、文化學習與國際了解	3-1-3（9-1-2）察覺並尊重不同文化間的歧異性 3-1-2（9-1-1）舉例說明各種關係網絡（如交通網、資訊網、人際網、經濟網等）如何把全球各地的人連結起來		社會
	5-1-3（2-1-7）參與社區藝術活動，認識自己生活環境的藝術文化，體會藝術與生活的關係 5-1-4（2-1-8）欣賞生活周遭與不同族群之藝術創作，感受多元文化的特質，並尊重藝術創作者的表達方式		藝術與人文
	1a 察覺即使目標一樣，並非每個人的作法及想法會一樣 1b 能和別人討論不同的想法和方法，相互了解，選擇最合適的		自然與生活科技
七、規畫、組織和實踐	2-1-5（6-1-1）舉例說明個人或群體為實現其目的而影響他人或其他群體的歷程		社會
	4-1-4（1-1-4）正確、安全、有效的使用工具或道具，從事藝術創作及展演活動 6-1-3（3-1-11）運用藝術創作形式或作品，增加生活趣味，美化自己或與自己有關的生活空間		藝術與人文
	1a 學習安排工作的步驟 1b 學習分攤工作，合作完成一件事	7-1-3（1-1-2-1）依特徵或屬性，將事物歸類（如大小、明暗…） 7-1-4（1-1-2-2）比較圖樣或實物，辨識相異處，說出共同處（如兩棵樹雖大小不同，但同屬一種） 9-1-5（6-1-2-2）學習安排工作步驟 9-1-8（7-1-0-1）學習安排工作，有條理的做事	自然與生活科技
八、運用科技與資訊	3-1-1（8-1-1）舉例說明科學和技術的發展，為自己生活的各個層面帶來新風貌		社會
			藝術與人文

	1a 養成善用五官觀察，獲得資訊的習慣 1b 學習操作各種簡單儀器	8-1-1（2-1-1-1）運用五官觀察自然現象，察覺各種自然現象的狀態與狀態變化，用適當的語彙來描述所見所聞。運用現成的表格、圖表來表達觀察的資料 9-1-9（7-1-0-2）學習操作各種簡單機械與用品	自然與生活科技
九、主動探索與研究	1-1-3（2-1-1）瞭解住家及學校附近環境的歷史變遷 3-1-4（9-1-3）舉出重要環境問題（如空氣污染、水污染、廢棄物處理等），並願意負起維護環境的責任		社會
	4-1-1（1-1-1）嘗試各種媒材，喚起豐富的想像力，以從事視覺、聽覺、動覺的藝術活動，感受創作的喜樂與滿足 4-1-3（1-1-3）使用媒材與藝術形式的結合，進行藝術創作活動		藝術與人文
	1a 察覺很多事情，若多觀察一些，多想一些，會更有趣味 1b 察覺多了解事情再來做，常可以做得比較好	7-1-2（1-1-1-2）察覺物體有些屬性會因某變因改變而發生變化（如溫度升高時冰會融化） 7-1-3（1-1-2-1）依特徵或屬性，將事物歸類（如大小、明暗…） 7-1-4（1-1-2-2）比較圖樣或實物，辨識相異處，說出共同處（如兩棵樹雖大小不同，但同屬一種） 7-1-5（1-1-3-1）由系列的觀測資料，說出一個變動的事件（如豆子成長的過程） 7-1-6（1-1-3-2）將對情境的多樣觀察，組合完成一個有意義的事件（如風太大了葉子掉滿地，木板被吹倒了…） 7-1-7（1-1-4-1）察覺事出有因，且能感覺到它有因果關係 7-1-8（1-1-4-2）察覺若情境相同、方法相同，得到的結果就應相似或相同 9-1-2（3-1-0-1）相信每個人只要能仔細觀察，常可有新奇的發現		自然與生活科技
十、獨立思考與解決問題	1-1-1（1-1-1）辨識地點、位置、方向，並能製作或運用模型代表實物		社會
	4-1-1（1-1-1）嘗試各種媒材，喚起豐富的想像力，以從事視覺、聽覺、動覺的藝術活動，感受創作的喜樂與滿足		藝術與人文

| | 1a 養成動手做的習慣，察覺自己可以處理很多事
1b 察覺自己對很多事物也有自己的想法，它們可能也很管用 | 7-1-6（1-1-3-2）將對情境的多樣觀察，組合完成一個有意義的事件（如風太大了葉子掉滿地，木板被吹倒了…）
7-1-8（1-1-4-2）察覺若情境相同、方法相同，得到的結果就應相似或相同
9-1-4（6-1-2-1）養成動手做的習慣，察覺自己也可以處理很多事
9-1-5（6-1-2-2）學習安排工作步驟
9-1-6（6-1-2-3）學習如何分配工作，如何與人合作完成一件事
9-1-11（6-1-1-2）培養將自己構想動手實做出來，以成品表現的習慣 | 自然與生活科技 |

註：1. 表中原屬「自然與生活科技」學習領域的能力指標加列教材內容細目。
　　2. 能力指標序號後（ ）中為原屬領域之能力指標序號。
　　3. 能力指標序號畫有底線者，乃指研究者分析能力指標所歸入十大基本能力，而非課程綱要中所建議。
　　4. 能力指標序號含網底者，乃指此能力指標同時分屬於不同的基本能力。

表 1-5　生活課程第八個主題軸能力指標

主題軸	能　力　指　標
8. 提升科學認知	8-1-1 運用五官觀察自然現象，察覺各種自然現象的狀態與狀態變化，用適當的語彙來描述所見所聞。運用現成的表格、圖表來表達觀察的資料。
	8-1-2 察覺到每種狀態的變化常是由一些原因所促成的，並練習如何去操作和進行探討活動。
	8-1-3 選定某一（或某一類）植物和動物，作持續性的觀察、並學習登錄其間發生的大事件。察覺植物會成長，察覺不同植物各具特徵，可資辨認。注意到植物生長需要土地、陽光及水分等良好的環境。察覺動物如何覓食、吃什麼、做什麼活動，成長時身體型態的改變等現象及現象變化的觀察。
	8-1-4 觀察現象的改變（如天氣變化、物體狀態的改變），察覺現象的改變必有其原因。
	8-1-5 製作各種不同的玩具，體會「力」有多種，力可使物體動起來，或使物體振動發出聲音。
	8-1-6 認識與使用日常生活家用產品（含傳播設備、交通工具、安全設備）。

一、與日本「生活科」的內涵相較

其與鄰近日本的教育改革所列之「生活科」相較，其主要比較異同：

㈠基本課程架構的差異

九年一貫新課程中僅將「社會」、「藝術與人文」、「自然與生活科技」等三個學習領域合成一個「生活課程」，另外在國小第一學習階段，尚存在一個「綜合活動」學習領域，而日本卻將「綜合學習時間」作為「生活科」的延伸是小學三年級以後到高中為止。

因此，在國小第一學習階段，「生活課程」因與「綜合活動」學習領域及「健康與體育」學習領域並存，致使其課程內涵重疊度頗高。

㈡課程目標上有相同觀點，涵蓋內容上互有差異

日本生活科的課程目標亦從下列三個基本觀點加以衍生：(1)自己與社會的關聯；(2)自己與自然的關聯；(3)自己本身。在三個觀點下十個主要觀點被具體化：(1)健康又安全的生活：能注重健康或安全的玩耍或生活；(2)與旁人接觸的方式：能親切地與家人或朋友、老師接觸；(3)利用公物：能小心利用公園或交通工具等公物；(4)生活與消費：能愛惜生活中所使用的東西，並有計畫的來買東西；(5)情報的傳遞：能把日常生活中所需要的事，用信件或計畫來傳遞；(6)與周遭自然的接觸：能觀察野外的自然，飼養栽培動、植物，加深與自然的接觸；(7)季節變化與生活的關聯：能注意到季節的轉換而改變生活；(8)物品的製作：能製作在遊戲或生活中所使用的東西，快樂的玩耍；(9)自我的成長：能注意到自己已經會做的事，或在生活中自己分擔的工作變多了，並且能對支持自己成長的人抱持感謝的心情；(10)基本的生活習慣或生活技能：習得在日常生活中所需的習慣或技能（高浦勝義，1998）。

依此所規定之一、二年級上課內涵如下（高浦勝義，1989）：

1.一年級上課內容

(1)了解學校設施的情況以及學校生活中人及朋友的事，並能在學校快樂地玩耍與生活，同時調查上學的路線狀況，以便能安全上學；(2)了解家中一起生活的家人，及成為一個家庭成員，自己必須負責的事，在積極達成其所負責之事時，並能注意到健康生活的重要；(3)了解附近公園等公共設施為大家所共有，能愛護並利用它來配合生活，使用同時並能注意安全；(4)能想辦法利用生活周圍的事物（泥土、沙、花、草、或樹木）和同學一起作遊戲；(5)飼養動物、栽培植物，注意到它們和自己一樣擁有生命，並能珍惜愛護它們；(6)了解在進入國小後，自己能做的事，或是在日常生活中，自己的任務增加了，並可以積極地生活。

2.二年級上課內容

(1)了解自己的生活和周遭的人、事、物有密切的關係。在日常生活中幫忙買所需要的物品、或是用寫信或打電話來傳達所需要的事，同時要做到可以親切地和別人應對；(2)了解交通工具或車站等公共設施的功用，以及在其中服務人員的工作狀況，並能注意安全和大家共同正確地使用；(3)進行有關季節或地方行事的活動，對四季的變化和地方生活持有關心，以及注意季節或天候而改變的生活情形，並且可以作到讓自己的生活充實又快樂；(4)利用周遭的自然材料來製作生活或遊戲時使用的物品，並能和大家一起來分享；(5)觀察野外自然，飼養動物、栽培植物，對其變化和成長狀況抱持關心，以及注意到它們和自己同樣的成長，並且作到可以親近及珍惜它們；(6)了解從初生開始，自己的生活或成長受到許多人的幫助與照顧，要對這些人持有感謝的心情，並作到可以積極的生活。

從上述日本的「生活科」課程目標與內涵，相較於九年一貫課程的「生活課程」，發現「生活課程」中包含了「藝術與人文」學習領域中的內涵，這是「生活科」中所沒有的，然「生活科」的主要重點聚焦於學生「生活力」的養成，這與「生活課程」中、「社會領域」與「自然與生活科技」之內涵

相符，這乃其中較大的差異。另外，「生活科」的內涵規定又較「生活課程」具體詳細，使實際設計課程時，就有明確的依據。

二、我國生活課程實施注意事項

「生活課程」乃為「社會」、「藝術與人文」、「自然與生活科技」三學習領域的合併，在國小一年級中所實施。基於其實施理念，下列幾個重要事項是在實施時應注意的（歐慧敏，2002）：

㈠課程設計應自生活中取材

「生活課程」的安排除考量學生的發展階段外，仍強調於生活能力的培養，成為一個自主的生活者。基於此課程的設計就應自生活中予以取材。高浦勝義（1998）亦指出：要培養自主的生活者，便應以「具體活動或體驗」為學習活動的基礎，透過它來讓兒童認識「自己與周遭社會或自然的關聯」，同時亦應以此為基本（作為手段）來「思考關於自己本身或自己的生活」，及在此歷程中去指導「習得生活上所必須的習慣或技能」。故其內涵應以兒童日常生活作延伸，將日常生活中有意義的活動取出，融入課程中，且其課程中所習得之成果，必須能回到兒童的日常生活中，也就是說生活課程將成為充實其日常生活，使其自覺努力之動機。

㈡不應忽視重要的基礎核心概念

生活課程中因包含有「自然與生活科技」此學習領域，雖在此次課程改革中「自然與生活科技」強調科學精神與態度的培養重於科學知識的灌輸，但在此領域中應該幫學生建立基礎核心概念，在經由活動後，教師應掌握學生核心概念是否已能確實建立，而不是僅帶完活動，便算課程已完成。

㈢統整「生活課程」與「綜合活動」兩大學習領域的內涵

國小第一學習階段因「生活課程」與「綜合活動」學習領域的性質頗為類似，故其課程內容重疊度亦相對提高，若教師在帶領「生活課程」時，未

與「綜合活動」學習領域作一番統整或區隔，將使兩類課程的活動近似，而影響學生的學習動機。其中「生活課程」與「綜合活動」學習領域最大的區隔在於「綜合活動」學習領域包含各項能夠引導學生實踐、體驗與省思，並能驗證與應用所知的活動，故其強調學生實踐、體驗與省思，而「生活課程」則包含「社會」、「藝術與人文」、「自然與生活科技」等三大學習領域，其中尤以「自然與生活科技」學習領域中有基礎核心概念待確立，而非僅以帶完活動即可，故「生活課程」中應有其一定比重的知識成分。

第三節 多元智慧

　　美國哈佛大學心理學家 Howard Gardner 所提出之「多元智慧理論」（Multiple Intelligences Theory，簡稱MI），其理論要旨在說明人類至少有：語文智慧（linguistic intelligence）、邏輯－數學智慧（logical-mathematical intelligence）、肢體－動覺智慧（bodily-kinesthetic intelligence）、音樂智慧（musical intelligence）、空間智慧（spatial intelligence）、自然觀察者智慧（naturalist intelligence）、人際智慧（interpersonal intelligence）、內省智慧（intrapersonal intelligence）等八項智慧，這八項智慧代表人的八種潛能，且只有在適當的情境中才能發揮出來，而每個人均有這八項智慧，大多數的人均能將這八項智慧發展到適當的水準。以下乃就多元智慧的定義、發展背景、內涵、可能面對的問題分述於後。

壹、智慧的定義

　　Gardner（1983）將智慧定義為「解決問題的能力或在各種文化背景下創作該文所重視作品的能力」。此種定義強調智慧的社會文化性，即在不同的文化背景、價值觀下，對智慧的理解與要求亦會有所不同（Gardner, 1999；李心瑩譯，2000）。

　　Gardner（1999）將智慧又重新定義為「一種處理訊息的生理、心理潛能，此潛能在某種文化環境之下，會被引發來解決問題或創作該文化所重視

的作品」。此種定義則強調個人的主動性及文化價值。

貳、多元智慧發展背景

多元智慧理論的發展與 Gardner 的經歷有很大的關係，Gardner 為美國哈佛大學教育研究所發展心理學教授，一九七九年曾參與哈佛零方案計畫，此計畫乃在探討人的潛能與實現。他曾以多元智慧論獲路易斯維里大學葛羅威麥耶獎（University of Louisville Grawemeyer Award），同時亦獲麥克阿瑟基金會的天才獎。其著作豐富，學術發展早期較關注發展心理學及藝術思考、發展與教育，而後對腦傷病人與大腦認知結構的關係又有研究，至一九九〇年以後重心置於多元智慧理論在教育上的運用，近年來，則關注卓越人士與領導者的心智情形。

綜觀 Gardner 的著作與簡史，其發展多元智慧理論的背景及原因有下列幾點：

一、對傳統智力觀點的不滿

自一九〇五年《斯比量表》問世後，對智力的看法、評量與運用有很大的影響，傳統的智力觀，大都以語文、數學、空間推理為代表。且綜觀整個智力理論的演變，Gardner（1983）在《心智架構》一書中對各派的智力理論提出批評，他認為：因素分析論中的 G 因素窄化了智力的範疇，依此理論所編制的測驗僅能預測學校的成就，無法預測成功生活所需的能力；多因素論則由多種測驗因素分析而成，其基礎來源或過於局限或無法證明因素間的獨立性；訊息處理論與認知發展論則是評量與研究智力的素材過於同質且與生活脫節，無法有效詮釋人的智力；以心理計量觀點為基礎的則排除了紙筆測量所不能測量的能力（Chen & Gardner, 1997, p.31）。

Gardner 的多元智慧理論除挑戰單一智慧的傳統觀念外，更強調在情境中評量（assessment in context）的重要性。故多元智慧理論和真實評量觀念的提出有助於課程及教學理論的學者及教育實務工作者更進一步認識與發展學生

的潛能；亦可透過在真實情境中評量來展現學生的學習成果。

二、受腦神經研究影響

在腦神經病變與認知行為研究中，腦傷病人並非認知能力的全面受損，而是選擇性保留某些特定的能力。這些結果隱約指出人類智慧的多元性質（曾志朗，1995），故腦神經研究支持了多元智慧理論的形成。

三、多元智慧理論明確易懂

學生具有八項智慧，絕非是一種智力而已，對教師來說，它是淺顯易懂。雖然有學者批評多元智慧理論的學術嚴謹性，甚至 Sternberg（1994）都批評 Gardner 的多元智力理論不可當作心理本質的理論。然 Sternberg 所論述的智力三元論，如：組合性智力（componential intelligence）、經驗性智力（experiential intelligence）及實用性智慧（contextual intelligence）等均為基本的認知心理歷程，對教師來說過於抽象，並不實用。相對地，大多數的人可以在 Gardner 的多元智慧理論的八項智慧中找到自己的長處。Gardner 及其同事則強調多元智慧在學校與家庭的運用，其理論所述亦貼近生活的實際情形，較為具體。

四、多元智慧理論以學生為中心

多元智慧理論以學生為中心，每位學生均有與眾不同的優勢智慧，不像其他智慧理論將重心置於測驗而非學生（Torff, 1997）。其強調教師必須發掘學生個別的潛能，並符合個別學生的課程、教學與評量。

五、多元智慧理論與多元文化理念的融合

Gardner 對智慧的定義特別強調文化背景的因素，這與近來多元文化的受

重視能相契合。多元智慧理論與多元文化均試圖減少或消除課程、教學、評量對一些文化不利或少數民族學生所造成的負面影響（Torff, 1997）。故依Gardner對智慧的定義，在農業國家因須種植作物，就會特別強調自然觀察者與肢體－動覺智慧，而其他七項智慧好像就不是那麼重要；若在靠海為生的國家，要精於在海上辨別方位，就會特別強調空間智慧。

參、多元智慧的內涵

一、多元智慧

Gardner（1983）在《心智架構》書中提出人類有七種不同的智慧：語文智慧、邏輯－數學智慧、肢體－動覺智慧、音樂智慧、空間智慧、人際智慧、內省智慧，在經過十年的發展，相繼又提出第八種智慧自然觀察者智慧及未找到完整證據的存在智慧（existential intelligence）、道德智慧（moral intelligence）及神靈智慧（spiritual intelligence）（Gardner, 1999）。然因存在、道德與神靈智慧均未發展完整，故以下僅介紹八種找到充分證據支持的智慧。

以下即就此八項智慧來逐一說明（Armstrong, 2000；吳靜吉，2000）：

㈠語文智慧

能有效利用口頭語言（如：講故事者、演說家、政治家）或書寫文字（如：作家、詩人、記者、編劇……）的能力，並對文字和語言的聲音、結構、意義和功用的感覺特別敏銳。

㈡邏輯－數學智慧

能有效運用數字和推理能力，其包含對邏輯或數字型態認知能力和高靈敏度；具有處理複雜前因後果的推理能力。

㈢肢體－動覺智慧

能善用整個身體來表達想法和感覺，及運用雙手有技巧地生產或操作物

品，且能有節奏地控制身體的動態。

（四）音樂智慧

　　能察覺、辨別、改變和表達音樂的能力；能創作並欣賞旋律、音節和音質的能力。

（五）空間智慧

　　能準確地感覺視覺空間，並把知覺到的表現出來。此智慧包含對色彩、線條、形狀、形式、空間及彼此間關係的敏感性，其中還包含將視覺和空間的想法在腦海中立體化及在一個空間矩陣中能很快找出方向的能力。

（六）自然觀察者智慧

　　能對所處環境的各類物種（一切動植物）熟練的認知和分類（Armstrong, 1999）。且能辨別同一物種中成員的差別；認識其他物種或類似物種的存在；並能正式或非正式把幾種物種間關係表述出來。

（七）人際智慧

　　能覺察並區分他人的情緒、意向、動機、期望及感覺的能力。這包含對臉部的表情、聲音和動作的敏感度，辨別不同人際關係的暗示，及對這些暗示作出適當反映的能力，及擁有同理心的能力和表現行為。

（八）內省智慧

　　能相當精確地認識到自己的優缺點、評估自己情緒的生活，並能在複雜的情緒中區辨喜怒哀樂和自我定位、自律、自知及自尊的能力。

二、Gardner 候選智慧（candidate intelligence）範圍的標準

　　Gardner（1983）提出八項標準來候選不同的智慧，這八項標準源於生物科學、邏輯分析、發展心理學、傳統心理學研究的學術根據（Gardner, 1999;

Armstrong, 1999）。茲將八項標準之根源與意義分述於下：

（一）腦傷後發生分離現象的可能性

　　從腦傷病人身上可發現，腦部特定區域受傷，可能只損傷了特定智慧，對其他的智慧並不影響，故腦傷病人可能喪失了一些能力，但其此種智慧仍然完好，或者喪失了此種智慧，但某些能力依然完好。

　　在表 1-6 整理了腦部特定領域與每項智慧間的關聯（這些僅顯示出最重要的組織，並無包含細微的組織或腦部其他區域的交互作用）。

（二）白痴專家、神童和其他特殊能力個體的存在

　　Gardner（1983）提出這一項準則，乃認為智慧是彼此分隔的，經由研究特殊個體可發現在某項智慧有極高成就表現，卻在其他智慧上，明顯地有困難，故智慧的確是彼此獨立存在的。

　　表 1-6 中介紹了每一項智慧特殊表現類型的例子。

（三）可以辨識的一項核心處理或一組處理程序

　　Gardner 為一認知心理學家，對心靈如何運作處理訊息有很大興趣，他認為每一項智慧應該有特定的機制（核心運作能力），吸收外在世界的訊息，並且處理這些訊息，就像電腦處理輸入的資料一樣。

　　表 1-7 中列出八項智慧的核心能力。

（四）在一個獨特發展歷史外，加上一組可解說的專家「最終狀態」（end state）的表現

　　本身對發展心理學有獨特的貢獻，他嘗試將發展的觀念統整到多元智慧理論中，其認為：每一項智慧均應有自己的發展模式，從一開始的初學狀態到最後的精熟階段。在表 1-7 中整理各項智慧的發展歷史及專家「最終狀態」表現的例子。

　　然在一開始和專家「最終狀態」之間，有可能有特定的普遍過程，是每個人都會經歷的，但這其中還會有些空間留給優秀的人加以變化；且每一項

智慧均有其關鍵期，每個人在各項智慧中，有的人可能到了某一瓶頸就無法進步，有人卻經過停滯階段後，持續、穩定進步。

㈤進化的歷史和進化的合理性

Gardner建議為了讓一項歷史出現在智慧清單上，必須要有人類史前生活的證據顯示，甚至在演化的最初階段，亦為在其他類別生物身上出現。Gard-

表 1-6　多元智慧理論各智慧候選標準中神經系統、特殊能力個體彙整表

智慧類別	神經系統	特殊能力個體
語文	左顳葉和額葉（如布洛卡區／韋尼克區）	過度詞彙使用者（hyperlexices；例如：低智商個體，能閱讀百科全書，卻無法理解其內容）
邏輯－數學	左頂葉（顳葉和枕骨連結的區域，以及鄰近的區域）	心理計算者（mental calculators；例如：低智商個體可以記住火車時刻表，或做很不可思議運算）
肢體－動覺	小腦、基底神經節、運動皮質	自閉症患者可以用肢體來模仿物品（如 Bruno Bettelfeim研究的「機器男孩」Joey，能以卓越的能力，用肢體模仿一部機器）
音樂	右顳葉	有威廉氏症（Williams syndrome）者，有優異的音樂能力（如 Gloria Lenhoff 可以用二十六種不同的語言來演唱歌劇，卻無法作簡單的數學問題）
空間	右半腦後區	自閉症患者有驚人的繪畫能力（如 Lorna Selfe 在 Nadia 一書中記錄一名五歲的自閉症女孩，有優異的藝術能力）
自然觀察者	左半腦	Wild Boy of Aveyron，十一歲被法國醫生發現時，赤裸地在森林中奔跑，尚未社會化；另外，Templi Grandin 為一位自閉症患者，他發展出一套管理牛群的技術
人際	額葉、顳葉（特別是右半腦）、邊緣系統	某些人被描述為精神分裂症，不懂得人情世故，無法掌握非語言的社會性線索，但可能擁有一份超感覺能力，像是有人來拜訪可預先知道
內省	額葉、頂葉、邊緣系統	有高度的自我感，但無法與人溝通

表 1-7　多元智慧理論各智慧候選標準中核心能力、
獨特發展歷史及其終極狀態彙整表

智慧類別	核心能力	獨特發展歷史及其終極狀態
語文	對文字和語言的聲音、結構、意義和功能的靈敏度	從幼兒時期的紙上亂塗，到完成著名的文學作品，成為有名的作家（例如：Toni Morrison 的《Beloved》）
邏輯－數學	認知邏輯或數字型態的能力和敏感度；能處理一連串推理的能力	從在嬰兒床上的嘗試做出一連串動作，到能在科學上有最高的成就（例如：愛因斯坦的相對論）
肢體－動覺	能控制身體移動和有技巧地用手操作物品的能力	從小孩的第一次手眼協調動作，到成為運動健將或舞蹈家（例如：職籃健將喬登的表現）
音樂	創作並欣賞旋律、音節、音質的能力；對音樂表現形式的欣賞能力	從幼兒的敲打玩具或家具到成為偉大的音樂家（例如：巴哈的《布蘭登堡協奏曲》）
空間	能精確地知覺視覺－空間世界，及以最初的知覺，表現出不同轉換的能力（如能經由藝術、視覺化和視覺思考，來控制內在和外在的視覺－空間世界）	從幼兒在紙片的塗鴉到成為偉大的畫家（例如：達文西的《蒙娜麗莎的微笑》）
自然觀察者	能辨認一個團體或物種的成員；能區分同一物種中成員的差別；能認識其他物種或相似物種的存在；能正式或非正式把幾種物種間的關係列出來	從幼兒第一次與動、植物的接觸到成為偉大的生物學家（例如：達爾文的進化論）
人際	能知覺並適當的反應他人的心情、性情、動機和期望	從嬰兒第一次與陌生人眼神的接觸到對人際間無私的奉獻（例如：德蕾莎修女對加爾各答窮困者的照顧）
內省	能評估自己的情緒、在複雜情緒中進行區辨、對自己的優缺點有所認識	從幼年知道自己是一獨立個體，到成為偉大的心理學家（例如：佛洛依德精神分析理論的發展）

ner指出智慧本身可回溯至文明開化前，它的根基深植至生命的核心中。表1-8中整理了各項智慧達到此標準的說明。

表1-8　多元智慧理論各智慧候選標準中進化歷史、符號系統彙整表

智慧類別	進化歷史		符號系統
語文	早期人類	書寫記錄證據的發現，可追溯到三萬年以前	書寫和口說語言
	其他物種	人猿有尚未發展完全的能力來命名事物	
邏輯－數學	早期人類	數字系統和曆法在史前時代就被發現	數字系統、電腦語言
	其他物種	蜜蜂經由他們跳舞行為來計算距離	
肢體－動覺	早期人類	史前工具使用的證據	舞蹈、動作和運動語言
	其他物種	在靈長類、食蟻獸和其他類別中，都發現簡單工具的使用	
音樂	早期人類	樂器的使用證據可追溯到石器時代	各種不同的音樂符號
	其他物種	鳥的鳴叫	
空間	早期人類	在亞洲、歐洲等均有著名的洞穴壁畫	表意文字語言；藝術中的線條、形狀、顏色
	其他物種	許多哺乳類動物均有認識自己領域的本能	
自然觀察者	早期人類	分辨有毒或無毒的植物；尋找或避免將特定動物作為食物的來源；以各種方法區分不同種類的動植物，來求生存	從少數部落文化用來描述各種動物靈魂的圖騰，到希臘哲學家亞里斯多德（Aristotle）到林奈（Linnaeus）對世俗的分類
	其他物種	在鄰近地區捕食或避免被捕的複雜系統	
人際	早期人類	群居生活組織的證據	表示社會性線索：如姿勢、臉部表情、肢體位置、聲音高低等等
	其他物種	在靈長類或其他類別中觀察到母系社會生活情形	
內省	早期人類	在洞穴壁畫或狩獵技巧中展現自我意識	顯現部分自我的夢境符號
	其他物種	黑猩猩可以在鏡前找到自己，且能表現或符號化基本的感覺	

㈥來自實驗心理學工作的支持論點

　　Gardner 指出智慧能夠經由心理學實驗來區辨，包含那些在學習上與記

憶、注意力、知覺和遷移有關的能力。例如：有些實驗發現某些人對臉孔有特殊的記憶力，但卻無法記住數字或文字；某些訓練可能可以增進一個人學習數學概念的能力，卻無法讓他成為一個優秀的閱讀者；就像一位運動選手運動的能力就無法遷移讓他成為一為較好的畫家。

另外在注意力缺失的領域中，一些被標註為 ADD 或 ADHD 孩子的證據，他們顯示出在邏輯－數學或語文領域中特殊的注意力缺陷，然在肢體－動覺與空間卻無如此情形。

㈦來自心理計量測驗結果的支持論點

雖然 Gardner 反對標準化測驗，然卻提出標準化測驗結果可支持智慧的存在。個體在接受心理測驗時，完全不同的分測驗結果，提供了多元智慧理論的一些支持，例如：一個人可能在有關語言的智力測驗得到高分，卻在與數學或空間、圖片、影像相關的分測驗表現很差；任何一個曾在 SAT（大學入學性向測驗）的數學和語文分數相差很多的人，對指出語文和邏輯－數學間獨立性存在說服力。

㈧在符號系統下編碼的可接受性

Gardner 提出，如果你要決定聰明與否，就要研究他如何運用符號，故符號化的能力是區分人類與食物鏈中大部分動物的關鍵能力。人類可以透過符號來與他人、二千年前或更早的人類溝通；把一些無法立即呈現在面前的事物，透過符號來表達對此事物的看法。Gardner 認為一項智慧要符合它的理論，必須能夠被符號化，在表 1-8 中整理不同的智慧顯現出人類選擇對事物符號化其內在世界的各種語言。

Gardner 所提出的八項候選智慧的標準，來進行評選智慧，然依此標準目前已發展八項智慧，而 Gardner（1999）對是否會有其他智慧產生持肯定的看法。

⚡ 肆、多元智慧可能面對的問題

一、智慧間是否獨立

　　Armstrong（1999）指出有研究顯示：年幼孩子在學習音樂時，其邏輯－數學和空間智慧似乎也同時進步了。Klein（1997）亦指出大部分的活動均包含了好幾個智慧，如：舞蹈包含了音樂及肢體－動覺智慧；會話包含了語文與人際智慧；解決物理問題則需要空間與邏輯－數學智慧。故若認為智慧是獨立的，卻很難在人類活動中獲得證明；若說智慧不獨立，則又不能稱它們為智慧或模組（module）。將模組的觀念應用在多元智慧理論上，心智為由八種或九種甚至更多的天生機制所構成，每一種機制是單獨處理一項內容的類別，然這卻與人類相似的經驗不符。

　　Gardner嘗試經由指出智慧的自主性，以及存在於每項智慧中無數的相互連結關係，來解釋這些差異；亦認為智慧是否獨立的問題須置於「文化」這個因素下來考量，兩種智慧間的關係，有可能是人為或文化因素所造成（Gardner, 1993）。

二、教學問題

　　一般均衡的課程設計，應考慮到學生多元的智慧，尤應注意到學生的弱勢智慧，並增進其優勢智慧。這種想法或許吸引人，但在實務推行上卻可能遇到下面的問題：(1)尚未發展出有效評估學生的辦法；(2)在目前教育環境下，班級人數過多，教學設計無法顧及每位學生的優勢智慧，勢必進行補救教學，然以目前教師的工作負荷，卻無法實際落實（Klein, 1997）。

三、優勢學習可能隱藏的陷阱

　　Sternberg（1994）認為多元智慧理論能幫助我們培育一些舞蹈家、運動

家、音樂家，但似乎忽視了學生在傳統學術能力中表現較弱的部分。他認為教師應幫助學生發現自己的優勢和弱勢智慧，並且幫助他們加強優勢智慧以及補足弱勢智慧，然每個人都有不同的能力組合，而不是只有一個普通能力或八種多元智慧，這些能力如何的展現將靠其日常生活的表現，以及在實際情境中展現自己。

故優勢學習分成的兩層次，在層次一：可利用學生優勢智慧發展教學策略，使學生獲得知識；層次二：以優勢智慧進行生涯規畫。若將優勢學習的重點著重在層次二，而忽略層次一的重要性，則容易被誤解為學生若在文字符號的認知上有障礙，則應該讓學生避開困難，遠離知識，發展比文字認知符號優勢的技藝性才能，而規避特殊教育應有的責任，然優勢學習或多元智慧不應淪為逃避提供特殊兒童應有權益的藉口（王為國，2000）。

四、教育工作者未能真正了解多元智慧的真義

多元智慧理論在美國及國內均為一個熱門議題，多元智慧理論如何運用在教學、班級經營、學校經營上，亦為國內外學者探討的重點，然在推廣常流於形式，沒有真正抓住多元智慧的真義。

Armstrong（1998）亦指出在美國教師和行政人員使用測驗和檢核表將學生分為肢體－動覺的學習者或空間兒童，然如此作僅會限制學生潛能的發展，並不能協助他們。如此作法，僅是新瓶裝舊酒，教師僅簡單地將原本教學重新命為多元智慧這名詞，而教學方法上卻未多作改變，或者僅作一些教學活動，從未思考多元智慧對學生發展、學習、學校改革的基本態度，乃至於教育本身的終極目的。

基於上述，在實務運用上有幾項曲解和誤用須加以注意（陳杰琦，1998）：

㈠將多元智慧視為教育目的，而不是工具

多元智慧並非教育的目的，教育的目的因由國家、社會、學校、教師和家長所共同確立的，多元智慧僅是幫助我們實現教育目的的一項工具或手段。

經由它的幫助，我們理解學生世界的多元性，為我們更有效指導學生提供一種理論的指導框架。

㈡將多元智慧當成唯一的教學依據

　　雖然多元智慧能讓教師更能貼近學生的世界，但它卻不是萬靈丹，可以解決所有的教育問題。教師應依據本身與學生的特質，社會和文化的需要，結合不同已被實踐證明有效的方法，創造出一套最適合自己的教學方法。

㈢以多元智慧理論來作為不盡力幫助學生提高讀、寫、運算能力的藉口

　　雖然我們應注重學生的每一項智慧，強調其優勢智慧，但卻不應忽略現今社會所認可的讀、寫、運算等基本能力，故在運用多元智慧教學方法時，亦應提升學生運用這些基本能力。

　　在這一波的課程改革中，提供教師展現專業自主的機會，在九年一貫課程的架構下，教師得以秉著其專業能力，將各種的教育理念落實。而 Gardner 所提出「多元智慧」（MI）與九年一貫課程的理念非常契合，故本書乃以「多元智慧」理論為主要概念，以國小一年級生活課程為例，來進行課程教學設計，並經由實際教學結果，以修正其設計。

第二章

多元智慧生活課程
的課程與教學

運用多元智慧的課程與教學：以生活課程為例

本章擬先探討多元智慧的課程發展，與教學設計及策略，再就在「生活課程」中的實際運用課程與教學策略進行介紹與分析。

第一節　多元智慧課程的發展

壹、依理論所發展出之課程

多元智慧理論強調以學生為學習中心，其課程的發展更無一制式的模式，全賴教師依其自己的教學風格作彈性的運用。在此前提下，多元智慧理論亦提供一些有效的課程架構，供教師在使用時參酌。其提供之課程設計包含有：以單一學科的單元（lesson）規畫、跨學科的單元（MI theme units）規畫、學習中心的規畫及以專題（project）計畫為基礎的課程。以下茲就此四項逐一說明：

一、單一學科的單元規畫

運用多元智慧理論來作某科課程單元的活動設計，在於教師能更容易地將教材內容以多元的方式呈現給學生，使學生對所學的知識有更深的理解。其課程設計的步驟順序如下（Campbell, Campbell & Dickinson, 1999; Kagan & Kagan, 1998）：

㈠定義課程或單元的目標

依據「學生必須學習什麼？」「學生想要學習什麼？」來定學生的學習目標。

㈡設計多元智慧的學習活動

為了達成課程目標，會設計不同智慧的學習活動，教師宜依教學目標及時間以腦力激盪的方式來創造各種活動。然並非每次課程設計均須涵蓋所有智慧的活動設計，而是任何主題、學科要運用超過一種以上的方式來進行教

學，這才是多元智慧理論的觀點（Checkley, 1997）。

㈢安排活動的流程或步驟

安排活動的流程或步驟時應考量課程本身的邏輯架構、教學流暢、環境、基礎行為、介入、理解情形、引導實作、獨自實作、總結等要素。

㈣進行課程

教學進行中，隨時依情況調整計畫，並隨時修正。

㈤課程評鑑

分成學生與教師兩方面，(1)學生：是否學到主題的內容？哪些部分須進行補救教學？(2)教師：課程是否達到其本身自己的目標？教學活動是否多元？

二、跨學科的單元規畫

在傳統的各學科領域，彼此間教學並未作有意義的連結，且與學生的實際生活並無交集；但在多元智慧理論的課程中各學科領域的界線已逐漸地消失，允許教師個人或團隊在必要時可以設計跨學科的主題單元。

在跨學科的課程設計中，強調教師團隊的合作，發展協同教學。如此的作法可讓中學教師或是有專長領域的教師在自己的領域內工作，不必花費額外的時間來規畫新的課程。學生則可以從不同的的觀點來看一個主題，並從中獲益，同時能經驗到各學科間的關聯。

三、多元智慧學習中心

多元智慧學習中心是為不同強勢智慧的學生在教室中安排一個學習地點。八項智慧學習中心可用智慧專家來進行命名，學生可自由選擇屬於自己的來進行單獨或與他人合作學習。學習中心的運用可納入正常課程中，亦可在學生課餘時間使用。

然若教師欲將學習中心納入日常課程中，其課程可透過主題式的學習中心來加以組織。學生在確定主題後，分成小組到各中心工作，在其中運用八種方式來學習該主題。一般學習中心的教室模式的四個主要成分如下：主要課程→在八個中心工作→中心分享→獨立計畫→主要課程，此四個成分為一個循環圈，教師可利用學生在中心工作或進行獨立計畫時把時間給個人或小團體，進行提供意見、評量及補救教學的工作（Campbell, Campbell & Dickinson, 1999）。

　　在各學習中心應準備的材料如表 2-1 所示。

表 2-1　學習中心應準備的材料

學習中心	材　　料
語文	書籍（班級圖書館）、有聲書、紙、筆、閱讀心得單。
邏輯－數學	數學積木、尺、假錢、電子計算機。
肢體－動覺	飛盤、呼拉圈、黏土。
音樂	打擊樂器、錄音帶、錄音機。
空間	畫圖用具、色紙、剪刀、黏土。
自然觀察者	水族箱、寵物箱、植物。
人際	棋盤、棋子、各類兩個人以上的遊戲器具。
內省	紙、筆。

四、專題研究計畫

　　教師常認為「研究計畫」應該是高中生或大學生才能完成的課程，然在國小學生甚至是國小低年級學生亦可完成。國內基隆市深美國小（深美教學團隊、梁雲霞，2002）及國外多數的小學亦持續進行這樣的課程（Laase & Clemmons, 1998）。因在專題計畫中，可以讓學生充分展現其智慧，貢獻自己的專長。專題的計畫可透過小組合作完成或獨力完成。基本上，計畫的執

行是跨學科的，其所需時間可以由兩週到兩月，且過程中可帶出多種智慧。

Campbell、Campbell 與 Dickinson（1999）提出下列程序，來有效指導學生進行計畫：

1. 確認重要的概念，或先決定一個開放式計畫所需的知識。
2. 學生參與規畫。
3. 確認所需的材料和資源。像是有學識的社區成員、家長或較大的學生。
4. 帶領學生經歷計畫的各種階段，從研究動機、執行、修正、發表、回應、評量，甚至到新的或後續的研究規畫。
5. 在計畫執行期間和完成時，選出學生的草稿和成品放入學習檔案。
6. 要求學生回想其學習歷程及個人成長，作為計畫的總結。
7. 讓學生將其計畫成果對觀眾發表，這些觀眾可以是家長、同學、社區成員，或是其他願意對學生的努力提出建設性批評的人士。
8. 從多元的觀點來評量計畫。Gardner建議評量的向度可從下面幾個方向著手：(1)這個計畫的規畫、發表和執行力；(2)正確性；(3)挑戰性；(4)創造力和獨創性；(5)資源使用；(6)知識份子對這份計畫的回饋；(7)學生學習的量；(8)學生反思的品質。
9. 在學生完成計畫後，省思所露出的訊息——興趣、強處、挑戰，以及是個別的或集體的工作者，這些訊息可以進一步納入下次計畫。

Laase 與 Clemmons（1998）指出在安排學生進行專題學習前，可先規畫培養學生閱讀的策略——認識參考書籍的各部分及重點摘要的搜尋方法、索引的使用、目錄的使用、搜尋參考資料、挑選可用材料、作筆記策略、從口頭報告摘要筆記策略、將筆記建立架構系統化、充實筆記內涵、學習訪談技巧、反思學習的內涵等課程，以培養進行專題研究計畫的能力。

Laase 與 Clemmons（1998）亦提出引導學生進行專題研究計畫的步驟：(1)產出研究主題的概念；(2)選擇研究主題並使其明確化；(3)以書面資料將欲解答的問題明確列出；(4)整合資料；(5)執行每日的自我評鑑；(6)書寫研究筆記；(7)訂出研究流程；(8)組織研究筆記；(9)發展書寫報告的標準；(10)書寫草稿；(11)修訂草稿；(12)校訂草稿；(13)出版報告；(14)提供持續的評量。

貳、依實務所發展出之課程

多元智慧理論在全美有許多實驗學校，在大多數的學校中，均非將課程全部重新再造，而是稍加修改以整合各項智慧。Campbell、Campbell 與 Dickinson（1999）從全美的實驗方案中，整理出五種以實務出發的課程取向，分述於下：

一、多元模式課程設計

此課程設計較為一般班級或學校所採用，其重點在於將多元智慧理論當作教學工具，提供學生進入學科內容的八個切入點。教師可在日常教學中應用多元智慧理論來教導學生；亦可偶爾、每週或每天運用學習中心；亦可透過多形式途徑進行直接教學；亦可透過教師間的協同教學，甚至各領域的專家來讓學生的學習經驗更完整。

華盛頓州天使港的 Fairview Elementary School 即在每年五月分舉辦多元智慧週，以主題週的方式來進行多元智慧課程。在這一週中，以學生為主體，教師透過混齡團體，根據學生的專長與興趣來決定學生在這主題的學習內容與方式。

加州 Modesto 的 Hart-Ransom School 為一所從幼稚園到高中的綜合學校，此校則採取了另一種多元模式的課程設計，學校不把多元智慧作為預期的結果，教師們強調學校的任務是提供教育，故將成效集中在基本技能、創造思考和有效溝通，僅將多元智慧作為傳授課程的工具。

二、以發展為主軸的多元智慧課程

在此課程模式中，焦點置於知識和技能發展的深度，揚棄以往走馬看花式的教學，支持學生深化的理解。在此精細深入的課程中，多元智慧亦為教學的工具。此外，有些學校推行主題計畫為主軸的學習，學生必須學會自我

指導的學習技能（Campbell, Campbell & Dickinson, 1999）。

　　加州史塔克頓市的 Lincoln High School 即有以發展為主軸的多元智慧課程。教師配合加州政府所決定的標準，不讓學生暴露在大量他們通常記不住或無法了解的訊息中，故把課程中基本概念詳細解說，使學生不僅知道其所學為何，更知道如何來解說和運用他們的知識。此外，教師更關心學生的學習歷程，追蹤學生執行其所選擇的主題課程計畫，以增加其對核心課程的了解。故學生不僅是學習及應用核心課程，他們也確認自己在智慧上的優勢及弱勢，並被告知智慧可以在生活中加以修正和改變。教師強調在刻意努力和引導下，任何未發展的智慧領域都能加以強化。基於此種發展焦點下，此校學生均能尊重同儕及他人在智慧上的差異性，並意識到自己的新契機（Campbell, Campbell & Dickinson, 1999; Campbell & Campbell, 1999；郭俊賢、陳淑惠譯，1999；梁雲霞譯，2000）。

三、以藝術為核心的多元智慧課程

　　有些學校將多元智慧理論解釋為藝術核心課程的依據。Gardner 主張除了語文、數學、空間推理等能力外，視覺、動覺、音樂及人際亦為智慧的形式，藝術的擁護者即依此宣稱藝術提供了重要的符號系統來表徵、解釋和傳遞這世界的事物；而數學、科學及語文溝通只是人類經驗的一部分，故倡議舞蹈、音樂、劇場、影片、視覺藝術和創意寫作等，在學校課程應與語文、數學等課程占同等的地位和時間分配（Campbell, Campbell & Dickinson, 1999；郭俊賢、陳淑惠譯，1999）。

　　在南加州 Charleston 的 Ashley River Elementary School、密蘇里州聖路易斯的 New City School、明尼蘇達州聖保羅的 EXPO 及華聖頓州 Lacey 的 Seven Oaks Elementary School 等，全在課程中貫穿藝術的智慧，並在權限內把藝術當成核心科目來教授。

四、以智慧為主軸的課程

　　較少學校採用此種模式，此類型學校不以智慧來進行教學，而是來成就八項智慧。為順應此需求，學校必須將其學校任務、目標、課程加以重組，以順應個別學生的興趣（Campbell, Campbell & Dickinson, 1999）。

　　在印第安那州波里市的 Key Learning Community 即採取此種課程模式，此學習社群中包含幼稚園、國小、國中部，採用主題式的混齡學習方案，提供相等的教學時間給八項智慧。而這種以智慧為主軸而非以基本技能為主的課程教學模式，使學生在其標準測驗的成績均在年級水準以上（Campbell & Campbell, 1999；梁雲霞譯，2000）。

　　另外，明尼波里斯市（Minneapolis）的 Clara Barton K-8 School 亦採此種課程模式，學生入學後，會由學生、教師、家長召開「目標設定會議」，對八項智慧的每一項均設定一個目標。在一年的教學中，積極鼓勵學生用心達成目標，在過程中由教師來提供支援。在學期結束後，再召開「成就日」，邀請家長一起檢閱學生的學習檔案（Campbell, Campbell & Dickinson, 1999）。

五、光譜課程計畫

　　光譜課程計畫（Project Spectrum）所使用的是另一種以學習中心為基礎的教學取向，其係由 Harvard 與 Tufts University 針對幼兒所進行的前導式課程。光譜課程計畫並非企圖直接教導八種智慧，其學習中心的設立是為反映受人尊敬的社會角色，亦即 Gardner 所稱的「成人的最終狀態」。此「最終狀態」是一些不僅適用於學校課程中的有用技能，並適用於成人的角色。藉著在中心的工作，完成「最終狀態」的活動，很多智慧都可以組合在一起。

　　在光譜教室有八個中心，其所列的中心與其關鍵能力如表 2-2 所示（Campbell, Campbell & Dickinson, 1999）。

　　從上述各類 MI 的課程，依國內實際的教育現況與需要，其課程設計乃主

表 2-2　光譜教室的八個中心及其關鍵能力

中心名稱	關鍵能力
藝術中心	視覺藝術知覺、作品和組合
語文中心	講故事、作報告和文字巧辯
數學中心	數的推理、空間推理和問題解決
機械中心	精巧的動作技能、視覺空間能力、用機械物件解決問題、能了解因果關係
動作中心	身體控制、節奏的敏感性、表情、產生動作創意和對音樂的反應性
音樂中心	音樂知覺、作品和組合
科學中心	觀察力、辨別異同、假設和檢驗、對自然環境或科學現象等知識的興趣
社會中心	了解自己和別人、扮演各種社會角色，如：領導者、協助者、關懷者和朋友

資料來源：*Teaching & Learning through Multiple Intelligences*, by L. Campbell, B. Campbell, & D. Dickinson, 1999, MA: Allyn & Bacon.

要採依實務所發展的「多元模式課程設計」模式，將八項智慧當作教學工具，提供學生進入學科內容的八個切入點；輔以在教室設置「多元智慧學習中心」，讓學生偶爾、每天或每週來運用學習中心，以培養學生主動學習之興趣。

第二節　教學策略與多元智慧之教學

　　沒有一種教學方法適用於所有的學生，多元智慧理論提醒教學實務者要顧及八項智慧領域的學習內容，綜合應用多樣化的教學方法（如：全語、批判思考、操作、獨立學習、合作學習、學徒制等），同時提供有利八項智慧發展的學習情境，讓每個人的八項潛能得以充分發展。

　　接下來整理 Armstrong（1999）、Campbell、Campbell 與 Dickinson（1999）、Teele（2000）所提出了八項智慧常用的教學策略（見表 2-3）及 Lazear（1999a）整理八種求知方式與其教學策略（見圖 2-1），此均為各智慧領域通俗的教學方式。

表 2-3 多元智慧理論的教學清單

語文智慧教學清單	邏輯－數學智慧清單
▶ 用説故事來解釋某主題	▶ 產生關於某主題的故事問題
▶ 處理一個有關某主題之爭議	▶ 把某事翻譯成數學公式
▶ 寫有關某主題之詩、神話、傳説、短劇、報導文章	▶ 產生一個某事件的時間表
▶ 把短篇故事或小説和某主題產生關聯	▶ 設計並執行一個關於某主題的實驗
▶ 針對某主題提出一個簡報	▶ 製作一個策略遊戲
▶ 引導一個有關某主題的課堂討論	▶ 應用范恩圖解來闡釋某主題
▶ 製作一個探討某主題的談話性節目	▶ 應用三段論來説明某主題
▶ 撰寫一個關於某主題的新聞通訊、書摘或辭典	▶ 作一個類推來解釋某主題
▶ 創作針對某主題的標語	▶ 運用一種思考技巧來處理某事
▶ 製作有關某主題的錄音帶	▶ 設計一個關於某事的密碼
▶ 針對某對象、某議題進行訪問	▶ 做關於某事的分類事實
▶ 寫一封給某人關於某議題的信	▶ 描述在某事物之中的型態或對稱
▶ 運用技術來撰寫某樣作品	▶ 製作各類圖表
▶ 文字遊戲	▶ 問題解決
▶ 辯論、朗讀	▶ 整理出大綱
▶ 腦力激盪	▶ 計算和定量
▶ 寫日記	▶ 蘇格拉底式問答
▶ 出版	▶ 分類和分等
▶ 錄音	▶ 啟發式教學
▶ 閱讀、拼字和傾聽的練習	▶ 你的其他選擇
▶ 你的其他選擇	

視覺智慧清單	動覺智慧清單
▶ 閱讀流程圖、地圖、集群、圖表……	▶ 角色扮演或模擬某事物或概念
▶ 運用記憶系統來學習某主題	▶ 創造一個或一套動作來解釋某事或概念
▶ 製作一個幻燈片秀、錄影帶或相片選集	▶ 編一支有關某事物或概念的舞蹈
▶ 圖解、描繪、著色、素描、雕塑或建構某事	▶ 發明一個關於某事物或概念的下棋或大地遊戲
▶ 創作藝術品	▶ 為某主題製作作業卡或拼圖卡
▶ 為某主題製作廣告	▶ 建造或構築一個與某主題有關的作品
▶ 發明一個下棋或大地遊戲來説明某事	▶ 規畫和參加一個實務考察之旅
▶ 以顏色標示出某事務的步驟	▶ 針對某一主題設計一個渠道夫狩獵
▶ 設計一個有關某主題的一個海報、布告欄或是壁畫	▶ 請一位肢體訓練有素者來示範某概念
▶ 發展某主題之建築圖	▶ 做一個某概念的模型
▶ 運用投影機來教某事物	▶ 用手邊材料來説明某一概念
▶ 變化某樣物品的大小和形狀	▶ 為某主題設計一項產品
	▶ 運用技術來

（續上頁）

▹ 電影 ▹ 心靈地圖 ▹ 學習材料具像化（visualization） ▹ 你的其他選擇	▹ 使用肢體語言回答問題（body answer） ▹ 教室劇場（classroom theater） ▹ 操作思考（hands-on thinking） ▹ 肢體圖（body map） ▹ 你的其他選擇

音樂智慧清單	內省智慧清單
▹ 舉辦一個適當的音樂成果發表會 ▹ 為某主題或概念寫抒情歌 ▹ 唱一段饒舌歌或一首歌來解釋某概念 ▹ 指出節奏旋律的形式 ▹ 解釋一首歌的歌詞是什麼 ▹ 解釋一首歌的音樂像是什麼 ▹ 演出一場古典音樂會 ▹ 製作一種樂器並用其來演奏 ▹ 用音樂來強化學習 ▹ 蒐集並演奏關於某主題的音樂 ▹ 為解釋某主題或概念，而為一首歌或音樂作品填寫新的結尾 ▹ 創作一個什錦歌來描寫某一主題或概念 ▹ 唱片分類目錄（discographies） ▹ 心情音樂（mood music） ▹ 你的其他選擇	▹ 描述你本身能幫助你成功地完成某項任務的特質 ▹ 為某個概念產生一個私人的比喻 ▹ 設定並追求一個任務的目標 ▹ 描述你關於某一事件的感受 ▹ 解釋你對某個看法所持的個人哲學觀 ▹ 描述一個你關於某議題的個人價值觀 ▹ 運用自我導向的學習來處理事務 ▹ 撰寫關於某任務的日記入門 ▹ 解釋在學習某議題時你所體會到的目的 ▹ 進行一項你在某學習上所選擇之計畫 ▹ 接受其他人對你在某項學習表現上之付出所給的回饋 ▹ 自我評量你在某項學習的工作表現 ▹ 一分鐘內省期（one-minute reflection period） ▹ 個人經驗的連結（personal connection） ▹ 情緒調整時刻（feeling-toned moment） ▹ 選擇時間（choice time） ▹ 你的其他選擇

人際智慧清單	自然觀察者智慧清單
▹ 舉辦一場會議來宣傳某理念 ▹ 與一位夥伴運用「大聲地解決問題」來處理某任務 ▹ 在一項學習裡，角色扮演多元觀點 ▹ 組織或參與一個團體來達成某項任務或理念 ▹ 參加一項服務計畫來達成某項學習 ▹ 有意義運用某項社會技巧來進行學習 ▹ 教導其他人進行某項學習活動 ▹ 和一個小組合作設計規則或程序來學習關於某項主題	▹ 蒐集和分類資料 ▹ 解釋一種植物或動物與某種主題或概念相似 ▹ 為某一主題作一份田野觀察日誌 ▹ 使用雙筒望遠鏡、顯微鏡、放大鏡、望遠鏡觀察某一主題 ▹ 為某一主題作分類 ▹ 將天氣現象比喻為某事物 ▹ 確認兩項事物或概念間的關係 ▹ 照顧植物或動物以學習某概念 ▹ 描述在某概念中的循環或狀態

（續上頁）

▶ 用不同的方式來協助解決一個地區性或全球性的問題 ▶ 練習給予和接受關於各方面的回饋 ▶ 同伴分享（peer sharing） ▶ 人群雕像（people sculpture） ▶ 圖板遊戲 ▶ 到郊外去觀察某事物 ▶ 運用技術去探索某事物 ▶ 你的其他選擇	▶ 詳述某事物的特徵 ▶ 自然散步（nature walks） ▶ 生態研究（ecostudy） ▶ 運用自己的力量，設想自己是團體的某個角色來完成一項任務 ▶ 製作一個文化圖或系統輪 ▶ 使用電子傳達方案來處理事務 ▶ 你的其他選擇

壹、Kagan 與 Kagan 的觀點

Kagan 與 Kagan（1998）認為教師實施多元智慧理論時，可採下列三種觀點：

一、教師的教學方式配合（match）學生的學習方式：多元智慧提供給教師一個簡易的架構，教師可依據此架構設計教學活動，並據此分析教學活動是否涵蓋八項智慧，是否配合學生的學習方式。

二、擴展（stretching）所有的智慧：在此目標下，學生不僅要能運用自己的強勢智慧，更要能強化其弱勢智慧。

三、讚揚（celebrating）學生的智能：在此學習方式下，學生可藉由多元智慧來了解自己和他人，並尊重彼此間智慧的差異性。

若能將配合、擴展、讚揚多元智慧會融入原有的教學中，而非取代原有的教學，如此教學才能成功的繼續下去。

貳、Lazear 三種多元智慧運用方式

認為多元智慧在教室運用有三種方式：

一、以智慧本身的教學主題：為成就多元智慧而進行教學，每一項智慧均當作一門科目來進行教學。

二、以智慧為工具去獲取知識：將多元智慧當作工具，每一項智慧均可

<table>
<tr>
<td>

語文智慧
透過書寫、口語、閱讀等各個語文層面的正式系統來求知，採取策略包括撰寫論文與詩詞、辯論、公開演講、正式和非正式的談話、創意寫作以及運用語言幽默（謎題、雙關語、笑話）

</td>
<td>

邏輯－數學智慧
透過尋找和發現型態的歷程來求知，採用策略包括計算思考技巧、科學推理、抽象符號以及型態辨識等訓練

</td>
<td>

視覺－空間智慧
透過對外在的觀察（運用肉眼）與對內在的觀察（運用心眼）來求知。採取策略包括素描、繪畫、雕塑、剪貼、剪輯、具象化、影像化、意象化以及創造心像

</td>
</tr>
<tr>
<td>

內省智慧
透過內省、後設認知（對思考的思考）、自我反省以及提出人生大問題（生命的意義為何？）來求知。使用策略包括情感的處理、日記、思考日誌、教學轉移、高層次的思考以及自尊的練習

</td>
<td align="center">

八種求知方式

</td>
<td>

音樂－節奏
智慧透過傾聽、聲音、震動型態、節奏，以及音色的形式來求知，包括聲帶所發出的所有聲音。採取策略包括歌唱、演奏樂器、傾聽環境的聲音、善用各音質的和鳴以及生活中無窮無盡的可能節奏

</td>
</tr>
<tr>
<td>

人際智慧
透過人與人的關聯、溝通團隊工作、合作學習、同理心、社會技巧、團隊競爭以及團體規畫來求知，以培育彼此之間正面的依存關係

</td>
<td>

自然觀察者智慧
透過發生和大自然世界的避近來求知，包括欣賞和認識動植物、辨認物種的成員、及連結生命組織的能力。採取策略包括動手作實驗、田野之旅、感官刺激，以及嘗試去分類和聯繫自然的型態

</td>
<td>

肢體－動覺智慧
透過身體移動和表現（做中學）來求知。採用策略包括舞蹈、戲劇、肢體遊戲、默劇、角色扮演、身體語言、運動以及創作

</td>
</tr>
</table>

圖 2-1　八種求知方式

資料來源：*Multiple Intelligences Approaches to Assessment : Solving the Assessment Conundrum* (p. 4), by D. Lazear, 1999a, Tucson Arizona: Zephyr Press.

作為獲取知識的方法。

　　三、後設智慧：研討智慧本身，針對學生認識多元智慧而進行教學，先教導學生多元智慧，再教導其認識自己的強勢及弱勢智慧。

Lazear（1999b）亦將教師多元智慧的概念發展為四階段模式：(1)喚醒（awaken）：在此階段，每一種智慧可以用視覺、聽覺、味覺、觸覺、嗅覺、言語與他人溝通的知覺基礎、直覺、後設認知及心靈頓悟等內在感覺，經由適當的活動來引發；(2)擴展（amplify）：一旦引發各項智慧，要了解它如何運作、為何會產生、如何獲得、如何運作及各種不同形式的存在，如此智慧才得以強化；(3)教學（teach）：教師利用多元的方法來教導學生，促進學生較多的智慧發展；教師亦須依學生的智慧來達成學習目的；(4)遷移（transfer）：讓學生運用智慧去增進問題解決能力，並會解決日常所遭遇的問題。

參、運用多元智慧來強化教師的教學

Nicholson-Nelson（1998）認為教師在日常教學中最常適用的教學方式，通常是教師的優勢智慧。故教師若能反省自己的教學方法，分析哪些智能的教學活動是自己所忽略的，然後藉由協同教學、家長資源、專家學者協助、社區資源及補強自己的弱勢智慧來修正。

綜合上述，多元智慧的教學，教師可在其觀念上尊重學生的多元智慧發展，利用多元的教學方法來配合學生的學習，並協助學生擴展其智慧；配合教師不斷檢視反省自己的課程與教學設計，是否符合多元智慧的理念。

第三節 採用課程設計取向與常用教學策略

壹、學生取向的課程設計

多元智慧理論的課程發展，偏向於以學生為中心的課程設計，注重學生的個別化，故以下介紹以學生取向的課程設計。

此設計取向強調學生個人的意義創造，課程的設計應以學生為主體，讓課程適應學生，而非以學生適應課程。在此理念下，建立了很多理想學校。Ornstein 與 Hunkins（1998）指出學生中心課程包含下列幾種：(1)兒童中心學校：以兒童的興趣、需要、希望來支配學校教育課程，故其課程的安排常見

有泥船、蟲、小雞等，而不是傳統學校的科目；(2)活動中心課程：提出學校應以活動為主，學生在活動的經驗中學習和成長。在此課程中，提供學生接觸實體（物理及社會環境）的直接經驗，故其課程不單發生於教室、學校內，校外亦可提供寶貴的經驗；(3)關聯課程（relevant curriculum）：強調課程應結合學生的實際經驗，才能引起其學習動機和興趣。在此課程中主張應採用個別化的教學方法，以符合學生的個別差異；修訂現有學習科目，納入學生關心的領域；提供變通的課程方案，給予更多的選擇自由；課程應突破學校的圍牆，增加工讀計畫、生活經驗學分及非正式的學位計畫；(4)人文主義課程（humanistic curriculum）：此課程強調教育必須兼重學科精熟及個人成長兩大目標，故亦稱為合流課程（confluent curriculum）；(5)潛在課程（hidden curriculum）：認為學校所教導的不單是課表上的科目和教材的內容，尚包含有隱藏或潛在的層面，此類課程包含有同儕的價值觀、性別角色的學習、道德教育、政治教育等。

上述介紹此取向的課程設計亦隱含了下列待克服解決的問題：(1)學生的需要和興趣為何？其中有無共通之處？由誰來決定他們的需要？其又能否真正了解本身的需要與興趣？(2)給予學生選擇課程的自由，此種自由是否必須基於所有變通方案的了解且具備選擇能力？(3)學生取向課程，容易發展成反知主義（anti-intellectualism），認為知識毫不重要，這對學生學習是否經濟？且學生是否能突破自訂的學習範圍？其學習是否連續？(4)學生取向課程強調此時此地的需要與興趣，而課程該不該重視未來？(5)學生取向課程常流於放任，如何在給予學生自由的同時能兼顧基本能力的養成？(6)此課程需要教師花更多時間，具備更多教育能力，成為教學通才？在師資的養成上是否可達成？或者僅將學生變成缺乏內容的快樂活動（黃政傑，1991）。在上述問題中，所點出的關鍵點亦為本研究在設計課程時應予以注意的事項。

貳、建構式的教學設計

在九年一貫課程中，強調欲培養學生的「能力」，而在傳統式教學下所記憶的知識，已無法面對今日資訊爆炸的現況；因為學習的意義不只是「知

識的轉移」，更重要的是學習如何去學習（learning how to learn），只有如此才能使學生有能力適應訊息多變的未來。而重視學童如何學習與建構知識的建構主義教學策略，在實施生活課程時，為結合學生生活周遭的知識及三個學習領域學習特質，才會再度受重視。

一、建構取向的學習觀

　　「建構」基本上是學習理論而非教學理論，是一個學習建構知識的「認識論」（Abdal-Haqq, 1998; Wolffe & McMullen, 1996）。它提供個體學習與認知本質的解釋，其認為學習是主動參與及發展的過程。此過程是由學習者主動自環境中獲取知識及應用知識的歷程。以下就以學者對「建構取向學習觀」的所有共同看法，整理歸納如下：

㈠強調舊有的經驗

　　學習應該以學生舊有的經驗為基礎，知識的學習是個體依其先前經驗，經由與外在世界的互動、社群的辯證及磋商等歷程下，主動組織而成的（Airasian & Walsh, 1997; Meyer, 1992; Walling, 2001）。故教師在學生的學習歷程中，應扮演一個學習的引導者，給學生機會、讓學生自己組合、批判和澄清新舊知識間的不同，進一步建構出自己的新認知。

㈡強調學習者的主動性

　　Piaget的理論認為知識是在這個客觀世界中建構自己的經驗，是透過一種邏輯的架構同化、組織、調適來解釋自己的經驗。在此歷程中強調學習者的主動性，故建構主義是運用引導、發生學習法，由老師引發學生的注意力，以非強迫的方式，使學生主動學習，建構自己的知識，透過親身體會與操作，達到認知與修正自己的知識目標。

㈢以問題引導學習的中心

　　建構取向主張以真實的範例及問題，引導學習者從多種角度來評估資訊，

並發展自我的知識。用一個在生活所遭遇的實際問題為中心，讓學生在試圖解決的過程，引發學生的興趣、好奇與疑問，主動蒐集資料，並能透過同學間的討論與教師的引導來建構知識，增進創造思考能力。

(四)重視互動的學習歷程

知識建構的歷程是連續的，不同的學生存在著個別的差異，所以學習成果的優劣，應以與教學活動融合的形成性評量為主，強調學生在學習歷程中的改變，並適時提供學生自我反思與回饋教學者的機會。

(五)營造豐富的學習情境

建構取向的學習，強調學生主動與環境產生互動的經驗，學生在此經驗中內化建構其本身的知識。此觀點在教學上提供學生各種感官的知覺（sense perception）、感覺、視覺及材料等，具操作性及互動性的媒材體驗與塑造有意義的學習情境，進而提升學生學習的知覺發展。故老師應該提供一種有利於學生探索豐富的學習環境，安排適當的學習環境、布置與情境模擬，提供適當的教學媒材、資源與多媒體輔助教學，引導學生發現、探究、試驗和發明，並負起學習責任，強調有意義的學習。

綜合上述的觀點，「建構」主張知識與個人之「主觀思維」有關，具有發展性與演化性。每一個人所建構之知識，與其經驗有關；而個人經驗的學習過程又與其學習媒介及他人間的互動，有著極為密切的關聯。也就是學習與知識發展不應是互為獨立的，而是一種複雜的組合過程（Fosnot, 1996）（如圖 2-2）。故應用建構理念實施教學，應重視學生學習前的先備知識與舊有經驗，結合其生活經驗及感受，來營造有意義的學習情境，以問題引導為教學設計的重心，激發學生主動學習的動機，並強調知識建構的學習歷程，使學生在有意義的情境中主動去探索與解決問題，建構自我的知識體系。

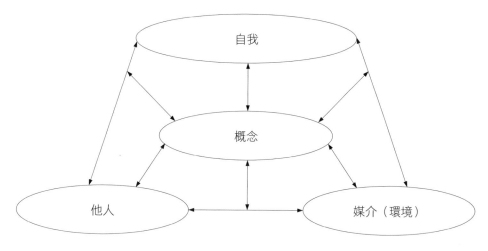

圖 2-2　建構主義的學習模式

資料來源：*Constructivism: Theory, perspectives, and practice* (p.28), by C. T. Fosnot, 1996, New York: Teachers College Press.

二、建構取向的教學觀

　　在 Piaget 認知發展論、Ausubel 的發現式教學和有意義的學習、Vygotsky 的近側發展教學論等理論中均隱含了建構取向的教學觀。在此取向的教學歷程中，教師扮演了一個相當重要的角色，當學生主動建構知識概念時，教師的立場應站在輔助、支持與促進者的角色，透過師生溝通，讓學生自己去理解、詮釋，並形成自己的觀點（楊龍立，1997）。故教學是一種介入學生知識建構的過程，必須先引出學生的先備知識，提供訊息，讓學生有建構知識的素材。而建構取向的教學觀進一步歸納可分下列幾點：⑴就學生而言：提供學生適當的引導與互動的學習機會；⑵就課程而言：讓學生以自己的理解去詮釋自己觀念與看法；⑶就評量而言：重視學習過程與多元評量的運用；⑷就教學方式而言：給予學生學習的探索經驗與機會；⑸就教師而言：為學習引導者、學習環境安排者、學習素材提供者、及學習氣氛的維持者；⑹就教學活動而言：讓學生有目的及企圖性的選擇，激發其主動參與及責任感；

(7)就教學重點而言：提供適當的學習媒介與情境，引發學生內在學習活動的產生（Brook & Brooks, 1993）。

參、常用教學策略

Costa 與 Liebmann（1997）指出教育人員在規畫課程、教學方法和評量策略時，宜考量圖 2-3 中此四層套疊的教育結果圖，其內容上層的比下層為寬廣、包容性更大，且信度更高。

活動
此課要完成什麼？應如何完成？學生應如何做？

內容
學生完成活動後，應獲得哪些觀念？如何協助學生？如何判斷學生真的了解？

歷程
學生應實作和發展哪些歷程？如何協助學生？如何判斷學生真的練習和發展這些歷程？

心智習性
學生應發展和應用哪些心智習性？如何協助學生？教師們如何協助學生發展？教師們如何合作決定學生學習一段時間後，是否發展出心智習性？教師們應聽到或看到什麼，以證明學生成長？教師們應如何實作和評量，共同工作邁向心智成長目標？

圖 2-3　四個階層套疊的教育結果圖

資料來源：Toward a renaissance curriculum : An idea whose time has come. In A. Costa & R. Liebmann(eds.), *Envisioning process as content: Toward a renaissance curriculum* (pp. 1-20), by A. Costa & R. Liebmann, 1997, Thousand Oasks, CA：Corwin Press.

其四層的內容如下：(1)以活動為結果：乃以教師為本位的教學觀點，常考慮「在這課中要完成什麼？」、「該如何完成？」、「如何判斷學生已達成這些目標？」故其所描述出的教育結果就諸如：「今天社會課要播放原住民的錄影帶」，評估其教學結果為「社會課上得是否順利？學生是否專心？

或是學生是否從錄影帶學到東西？」等；(2)以內容為結果：教師仍會關心每天進行的活動，然此活動已轉型為學習內容的工具，教師會問：「學生完成活動後，獲得哪些概念？」、「如何幫助學生理解？」、「如何判斷學生理解？」；(3)以歷程為結果：教師篩選課程內容，挑選出能形成通則的內容，使課程內容成為工具，幫助學生體驗、練習和應用必要的歷程（包括：觀察和蒐集資料、形成假設並驗證假設、推敲結論及提出問題），使思考更富有創意和批判性；(4)以心智習性為結果：教師以學校社區的共同觀點檢視教學結果，如此課程即會超越學科與年級的界線，此結果即為心智習性（堅持、控制衝動、以了解和同理心傾聽、彈性思考、後設認知、力求精確、質疑並提出問題、應用舊知識於新情境、清楚精確的思考和溝通、用各種感官察覺、創造想像創新、保持好奇和讚嘆之心、願意冒險並承擔後果、有幽默感、能共同協力思考、敞開心胸不斷學習）（Costa & Kallick, 2000）。

在此理念的教學設計下，下述及介紹與分析幾種常用的教學法：

一、合作學習教學法

合作學習乃為一種有系統、結構的的教學策略，在學習過程中，教師將學生依其能力、性別或種族的學生，分配於小組中一起學習。

此法的特色有下列幾項：(1)能兼顧團體目標及個人的績效責任：在合作學習中唯有團體每一個成員均能達成自己所負責的作業，小組才能得到獎勵（Slavin, 1987）；(2)積極的相互依存：在小組中成員彼此相互幫助，來完成小組的任務（Johnson & Johnson, 1994）；(3)鼓勵同儕的互動：小組進行學習時，小組成員均是面對面的進行溝通，藉由各種互動型態及語言的交換，更能增進彼此的學習成效（Johnson & Johnson, 1994）；(4)社會技巧的養成：在合作學習小組中的每個成員，均須進行兩種學習，一為學業有關的任務工作，一為參與小組工作中必備的人際技巧與小團體技巧。團體工作中，成員間的爭執在所難免，此時運用有效的人際技巧才能作有效的溝通並維持成員間彼此信任的氣氛，以有效解決衝突的情境；(5)重視合作學習的歷程：在進行合作學習過程中應給予學生適切的學習時間，以便對小組的運作及使用社會技

巧的情形進行分析，強調學生自我檢視的重要，以不斷的進步與成長；(6)異質性團體：除非特殊需要，否則合作學習通常採二至八人的異質性小組，以便擴展學生的認知及社會關係（黃政傑，1992）；(7)小組成員中均有相同的成功機會：成員均能因自己表現較以往進步而為個人及小組獲得獎勵（Slavin, 1987）。

其方法頗多，黃政傑（1992），黃政傑、林佩璇（1996），李咏吟、單文經（1997）舉出下列幾種不同的方法：

㈠學生小組成就區分法（Student's Team Achievement Division，簡稱 STAD）

此方法所使用的內容、標準及評鑑與傳統的教學安排最接近。基本實施的程序為：教學→小組學習→小組報告及師生討論→小考測驗→小組表揚等五個階段。而學生成就的區分法在表揚小組前分數計算上，除以各小組成員進步分數平均比較外，亦可將最好與最好比較，次好與次好比較，而構成幾個區分，每一組的第一名為小組爭取八分，次高者六分，依此類推。

㈡小組遊戲競賽法（Team-Games-Tournament，簡稱 TGT）

將全班分成有高度異質性的小組，每組為四至五人，同一組成員共同學習教師所發之工作單，透過工作單的學習後，大約每星期一次，舉行小組間成就測驗的競賽。測驗時依能力高低將每組中之學習者分派至適合的測驗桌，不同的測驗桌放置不同的測驗，但在同一測驗桌中代表各組的學習者得到相同的測驗。每組能力最高者到測驗桌 A，次高能力者至測驗桌 B，以此類推。每桌得最高分者，替小組取得相同的積點分數。

㈢拼圖法（Jigsaw）、拼圖法二代（Jigsaw II）

拼圖法二代乃依據拼圖法結合其他小組學習方法而成，兩者最主要的差別在於拼圖法中每個專家部分均為一個獨立而完整的單元，而拼圖法二代則整合這些獨立單元，並增加閱讀時間。

拼圖法二代之典型順序如下：(1)如同 STAD 分派學生至各小組；(2)在小

組中分派每人一個專家主題（expert topic）；⑶研讀整個學習單元，但加強其專家主題；⑷至專家小組討論並精熟其主題；⑸回到小組，報告自己研究的主題；⑹進行小考，個別分數如同 STAD 轉換為小組的分數；⑺接受個別和團體表揚。

㈣團體探究法（Group Investigation，簡稱 G-I）

為 Sharon 與 Sharon 在一九七六年所發展，旨在提供一個多樣而廣泛的學習經驗，以小組合作進行討論和調查等主要活動，特別注重從小組成員資料蒐集、團體討論解釋資料及融會個人智慧等學習行為中促進教學成效。每組學生自行決定所要學習的內涵，並懂得如何組織及進行溝通。此學習經驗須擁有先備知識，方能進行。團體探究法須有⑴全班分組的關係為團體中的團體；⑵使用多面的學習工作供小組探究；⑶學生多面向地問和主動溝通；⑷教師和各小組溝通，並引導各小組活動等四方面的加以配合，方得實施順利（Sharon, 1980）。

團體探究法的詳細教學步驟如下：⑴由小組成員選擇教師所列之某一學習主題，每一小組盡可能安排成包括不同能力的異質團體；⑵在教師指導下，由各組成員預先計畫其學習目標、步驟及活動；⑶各小組透過不同的活動及技能以執行其計畫，教師監控各小組的進度及提供必要的協助；⑷各小組成員分析及評量所獲得之資料，並準備呈現學習成果的方式，如展示、戲劇、辯論或口頭報告；⑸在教師指導下，各小組呈現其主題的學習結果，尤注重如何使其他小組融入此小組的學習中；⑹由學習者和教師評量各小組對全班學習的貢獻，其中高層次的學習結果如分析、推理能力的表現，及情意經驗如動機和投入程度等表現較被重視。

㈤合作統整閱讀寫作法（Cooperative Integrated Reading and Composition，簡稱 CIRC）

應用在國小高年級，統整學生讀、寫、說等三方面的能力。其同時重視個人績效和團體目標，並結合同質教學小組及異質工作小組進行。

㈥共同學習法（Learning Together，簡稱 LT）

　　為 Johnson 與 Johnson（1988）提出，其進行方法基本步驟如下：界定教學目標→決定小組人數→分派學生至各小組→安排學習空間→促進學生信賴→解釋學科作業→建構組內積極的互賴關係→個人績效責任完成→建構小組間的合作關係→解釋表現標準→界定期許的行為表現→督導學生行為→提供作業協助→教導合作技巧→綜合並複習學習內容→實施評鑑。

㈦小組協同教學法或小組教學加速法（Team Assisted Instruction or Team Accelerated Instruction，簡稱 TAI）

　　TAI 乃結合合作學習及個別教學，主要為三至六年級數學而設計，其設計主要基於一個假定：如果學生能自行檢查所學和管理教室，教師則有更多時間去指導個別學生或同質學習團體。TAI 主要因素如下：(1)分組：依其能力、性別、社會背景分成四至五人的異質小組；(2)安置測驗：了解學生的起始行為，以配合個別化方案；(3)課程教材：學生在小組內，進行自我教學的課程教材；(4)教學小組：教師從各小組安排同一程度學生一起介紹主要的概念，以幫助學生了解數學和真實問題的關聯；(5)小組研究方法：依安置測驗的結果進行學習單元，學習後進行形成性測驗，以便決定是否進行訓練及補救教學；(6)小組評分和表揚；(7)真正測驗：約兩週進行一次，然教師須先給學生練習作業單，以回家準備測驗；(8)全班性的單元教學：約每三週實施一次（視單元而定），教師教導全班同一課程，綜合整理學習單元。

二、戲劇教學

　　將戲劇作為教學之用起源於法國教育思想家 Rousseaus 的由「實作中學習」（learning by doing）、「由戲劇實作中學習」（learning by dramatic doing）此兩項教育理念而來，經由美國教育思想家杜威在實作學習理論中引用並實驗之，而後藉由多數的專家、學者投入諸多心力，將之研究發展，截至目前已建立相當完整的體系。

Ward（1981）指出一般戲劇性活動在課堂內實施，其主要活動可分為下列三項：(1)戲劇性的扮演（dramatic play）：將學生置於想像的戲劇環境中，表現出熟悉的經驗，而藉以衍生出新的戲劇，以「嘗試的生活」來了解他人與社會的關係；(2)故事戲劇化（story dramatization）：由教師引導學生根據現有、文學、歷史或其他來源的故事，以創作出一個即興的故事；(3)以創作性的扮演推展到正式的戲劇：在藝術課程內由教師領導，由學生選擇故事並蒐集相關的背景及資料，並設計簡單的布景及道具，當學生聽過劇本朗讀後，自行設計配樂與人物，再以自創性的對話，扮演一齣短劇；將正式戲劇場景暫時改為即興表演，並以即興式的對話，發展成群眾的戲劇場景。

張曉華（1999）將創作性戲劇的活動內容歸納為下列幾項：(1)想像（imagination）：以身體動作和頭腦思考結合活動，用以激發學習者的經驗和想像；(2)肢體動作（movement）：為一種有結構、目標、計畫的指導，配合音律、舞蹈等美感的肢體活動，明確而有意義的表現出適宜的動作和舉止；(3)身心放鬆（relaxation）：以調節性動作來暖身、消除緊張、穩定情緒，並加強知覺訓練；(4)戲劇性遊戲（game）：由扮演的角色，在有計畫的引導下，配合情景、目的，共同完成遊戲的內容，來建立互信和自我控制能力；(5)默劇（pantomime）：藉由身體的姿態、表情傳達出思想、情緒和故事，來強化肢體表達的能力，擴大觀察、理解和思維的空間；(6)即興表演（improvisation）：依簡單的情況、目標、主旨、人物、線索等基本資源，即興表現出適宜的故事、動作與對話，以培養機智反應、組織與合作的能力；(7)角色扮演（role playing）：在一個主題下，以系列性戲劇活動，由教師選派或賦予不同的角色扮演，來經歷不同的情境，擴大感知與認知的能力；(8)說故事（story telling）：用各種不同的引發點或建議，引導學生建構新的故事，以激發想像、組織和表達的能力；(9)偶戲與面具（puppetry and masks）：以製作、操弄和表演偶具或面具，擴大自信、釋放情感，來經驗工藝的製作和表達的趣味性；(10)戲劇表演（playmaking）：將理念置於程序與戲劇性的扮演架構中，採即興創作，進行戲劇性的扮演，以培養互信、互助、互動的精神與態度，組織事件與自發性的表現能力。

綜合上述，所分析的上述二項一般之教學策略，因以自成一個發展體系，

且有實徵性研究的基礎，其策略與方法的運用上，頗符合多元智慧理念，在創新教學策略上，可作廣泛的運用。故本研究的課程設計，除強化學生學習歷程中能力的培養外，另將此兩項教學策略運用於設計中。

第三章　　多元智慧生活課程的教學評量

第一節 教學評量的意涵

　　教學評量（assessment in teaching）係指教師將所得學生學習的訊息資料加以選擇、組織，並解釋之，以助於對學生作決定或價值判斷的過程，資訊乃教師在課堂上蒐集到的種種量的或質的資訊（Airasian, 1996）。Airasian（1989）指出教師依據教學評量結果，來實施行政、教學、綜合決策，行政決策為打分數、分組、評估進度、解釋考試結果、與家長會談、評斷需要特別安置或獎勵學生；教學決策為教師思維教什麼？如何教？何時教？用何教材？課程如何進展？及活動設計如何依學生反應而變化教學；綜合決策係了解學生學術、社交與行為特徵，增強班級教學、溝通與合作，及建立與維持有效的班級氣氛（李坤崇，2001）。

壹、傳統教學評量剖析

　　傳統教學評量一向以紙筆測驗為主，計分客觀、批閱迅速，且易於團體施測，雖然充分發揮公平、客觀、省時、省錢的功能，激勵學生認知學習，卻衍生下列十二項問題（李坤崇，1999）：⑴評量目標較少顧及教學目標；⑵評量內涵忽略技能、情意；⑶評量方式過於偏重紙筆測驗；⑷評量時機較忽略形成性評量；⑸評量未能營造公平、良好施測情境；⑹評量結果解釋較少鼓勵、增強學生；⑺評量結果解釋過於依賴量化測量；⑻評量認知過於強調記憶層次；⑼命題觀念與技術仍有待加強；⑽測驗試題編排未以學生為中心；⑾評分缺乏客觀標準與自省思維；⑿家長分數至上觀念難以消除。可見，傳統教學評量與人性化、多元化的教學評量相去甚遠。

貳、評量典範的轉移

　　由 Howard Gardner 所發展出的多元智慧理論為現今美國教育典範轉移的部分催化劑，亦提供我們從不同的思考向度去看學生的學習成長。他亦認為

未來新取向的評量會具有下列的特色（Gardner, 1993）：

一、強調評量（assessment）超過測驗（testing）

　　一般正式測驗通常乃為了幾個目的而實施，而無法確實反映出外在環境實際的需求，而評量則旨在獲得個人技能或潛能而實施，它能提供學生個人有效的回饋及教師、家長有效的訊息。

二、評量是在教學歷程中，簡單、自然的發生

　　評量乃教學歷程中的一部分，應高度結合於簡單、自然的學習情境，而非外加。故評量應在教學歷程中到處存在，教師亦可免於為評量而教學。

三、評量應具有生態效度（ecological validity）

　　當評量是在與「真實工作情境」相似的狀態下進行時，即能對個人的最終表現作出最佳的預測。

四、評量工具必須具有「智慧公平」的原則

　　大部分的測驗工具均著重於語文及邏輯－數學兩種智慧，只要語文及邏輯－數學智慧較強勢者，均占最大的優勢。故具有「智慧公平」的工具，應能顧及各種強勢智慧者。

五、利用多元的測量（measures）工具

　　在評量一個學生時，宜採取多元的測量工具，以測出不同能力的各種面向。

六、考量個別差異、發展的階段及各種不同的專業知識

評量時宜考量個體的個別差異及不同的發展階段，與不同的專業知識所具備的特性。

七、利用一些有趣及能引起動機的材料

在評量時，所利用的一些素材，應能引起學生的動機，讓學生能樂於進行。

八、爲了學生的利益而實施評量

評量主要的目的在於幫助學生了解其學習的優缺點，故其有責任將評量的訊息回饋給學生。

以Kuhn的說法來看現今教育典範所面臨的異常事例，有下列幾項：(1)智慧不是與生俱來就是固定的或是靜態的；(2)智慧可以學習、教導和提升；(3)智慧是多向度的，展現在我們的大腦、心靈、身體等系統的多個層次上（Lazear, 1999）。基於上述，傳統的靜態智力理論受到挑戰，表3-1中可看出新舊評量典範的轉移（Lazear, 1999）。

田耐青（1999）亦提出符合多元智慧理念的評量，應具備下列五項原則：

一、評量應該是長期的

長期的評量可以對學生的作品或表現進行連續性的觀察，並可提供學生對學習作持續性的反省，例如常用的學習成長檔案（protfolio），即可作為學生、教師、家長等人提供學生在學業上、心靈上成長的證據。

表 3-1　評量新舊典範的差異

向度	舊典範	新典範
1. 對學生的基本假設	學生的基本條件是一致的，且用相同的方法來進行學習，故教學與評量歷程均可標準化	學生是獨一無二的，因此教學與測驗必須個別、多元化
2. 評量結果的解釋	常模參照或標準參照測驗的標準化分數，為學生在知識和學習上的重要指標	採用實作為主的直接評量，廣泛使用各式的測試工具，以求對學生知識和學習提供一個更完整、正確和公平的描述
3. 測驗工具	紙筆測驗是評量學生進步的唯一有效工具	學生所製作並持續記錄的學習檔案，描繪學生進步的完整圖像，檔案中可包含紙筆測驗的成績，也包含其他評量工具
4. 課程、教學與評量關係	分立；亦即，評量有其特定的時間、地點和方法（總結性評量）	課程與評量之間的界線無刻意劃分；評量隨時貫穿在課程與每日教學中
5. 測量工具	外來的測量工具和代理機構提供學生真實和學習唯一真實且客觀的圖像	那些主動（教師、家長和學生自己）和學生互動者才是正確評量的關鍵
6. 學習定義	在學校必須學習一套清楚界定的知識體系，且能夠在測驗中展現或複製	教育主要目標在教會學生如何學習、思考及盡可能多方面展現才智（終身學習者）
7. 學習材料	無法透過制式化或標準化的方式來測試的事物，不值得教或學	學習歷程和課程內容同樣重要；不是所有的學習均可進行客觀的評量
8. 學生的角色	被動學習者；有待填充的空容器	主動且負責的學習者，在學習歷程是教師的合作夥伴
9. 評量的地位	測驗和測驗成績導引課程與學校目標	課程與學校目標的設定為引發學生完整的才能和學習潛能
10. 學生學習能力的假設	常態分配	J 型分配
11. 評量模式	單一模式（紙筆測驗）	多元模式
12. 學派	行為主義	人本／發展
13. 其他	同一時間接受同一工具測驗，採同一評量標準，以提供教育工作者與其他學生比較	測驗必須個別化、適性化，有足夠的訊息供教育人士引導學生，以培育更多成功的學生

二、評量應該是多元的

評量應該包含內容和技巧的評量，並由同儕或家長取得之人際評量及由學生對自己作品所作的自我評量。

三、評量乃是為教學提供資訊

評量的結果應該能為教學提供指引，讓學生、教師及家長確知這位學生在學習上的優缺點。

四、非正式的評量亦有其重要性

一般學生日常在班級互動中的參與度與表現，亦能反應出學生的學習態度。

五、學生為主動的自我評量者

學生應有能力評估自己在學習中的優缺點，亦能清楚說出自己所學到的知識或概念，並能確認自己應如何運用適當的思考與學習歷程。

在表 3-1 比較下，Gardner 亦贊成可採張稚美（2000）在台灣對學生的學習成長歷程所採的三角檢核評量方式（見圖 3-1），進行評量。

參、多元化、人性化教學評量

紙筆測驗雖然能測量認知領域的學習結果，但在技能、情意領域則有其先天限制，如文章、圖畫、實驗報告、自然科學展覽設計、演講、握筆、體育的各項表演、打字和小組合作學習能力均難以運用紙筆測驗評量。教師教學必須兼顧認知、技能、情意之學習結果，且評量應分析「應該怎樣表現」

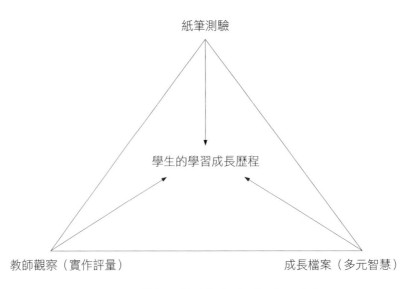

紙筆測驗

學生的學習成長歷程

教師觀察（實作評量）　　　　　　　　成長檔案（多元智慧）

圖 3-1　學生的學習成長歷程評量結構圖

資料來源：張稚美（2000）。落實多元智慧評量是心智習性的一大挑戰，載於落實多元智慧
評量（p.11），郭俊賢、陳淑惠譯，台北市：遠流。

（知識）、「真正表現行為」（實作）之間差異，方能檢討教學成效與實施
補救教學（Wolf, Bixby, Glen & Gardner, 1991），因此，教師善用「多元評
量」方能適切評量學生真正的各項學習表現。「多元評量」強調「多元」，
乃評量不限於單一的客觀紙筆測驗，尚必須包括實作評量（performance assess-
ment），而成為多種評量的方式，較能顧及認知、技能、情意之學習結果。

　　多元化、人性化教學評量具有下列特質：(1)教學與評量統合化、適性化：
評量不僅是預測學生未來發展、評定學習成果，更要協助學生在教學歷程獲
得最好的學習，教學與評量之統合乃未來評量的發展趨勢（李坤崇，1999；
簡茂發、李琪明、陳碧祥，1995；Kubiszyn & Borich, 1987; Linn & Gronlund,
1995）；(2)評量專業化、目標化：教師教學需要專業化、評量更需要專業化，
若教師未能確保評量專業，則難以達成多元化、人性化目標；(3)評量方式多
元化、彈性化：欲落實多元化、彈性化，宜善用行為、技能檢核表，多用情
意、態度評量表，系統運用教室觀察記錄，善用檔案評量於各科教學，鼓勵
撰寫參觀報告，多用撰寫專題報告，善用發表活動，多用遊戲化評量，納入

情意或情緒評量，著重各科「質化評量」；(4)評量內容生活化、多樣化：評量內容除考慮認知、技能、情意外，尚須兼顧學生的學習歷程、生活世界與社會行為；(5)評量人員多元化、互動化：教師實施評量宜思維參與評量人員不限於教師本人，而應納入家長、學生或同儕共同參與，評量時應由教師、家長、學生、同儕之充分溝通與討論，才能更清楚了解學生的學習歷程與結果，挖掘學生學習問題與及時施予補救教學；(6)結果解釋人性化、增強化：有些教師解釋評量結果時，偏向悲觀化、負向化、責備化，使得學生遭受甚多挫折，教師應多鼓勵、多支持學生，方能增進學生正向自我概念，強化其自信心；(7)結果呈現多元化、適時化、全人化：多數教師呈現評量結果時，僅呈現團體相對位置的常模參照分數或呈現及格與否的標準參照分數，而忽略自我比較的努力分數、僅呈現學業成績未提供人格成長、亦未適時提供學習進步或惡化狀況，致學生頻遭挫折或喪失立即補救時機，因此，教學評量結果之呈現宜多元化、全人化、適時化，如兼採能力、努力的結果雙軌制，改善學習通知單。學習通知單內涵應不限於學科表現，納入在校狀況、學習情形與自我評量，協助家長了解子女的全人發展，而非只是知識成長。另外，增加評量單通知次數；(8)教師逐漸運用標準參照測驗：評量學生成長，宜強調了解學生在個別學習領域的表現，注意學生是否達到預定的學習目標，而非一味強調團體的相對位置與相互間的競爭。

第二節　生活課程之評量

　　生活課程的評量應兼顧形成性評量、診斷性評量與總結性評量，不僅著重學習、活動過程的形成性評量，重視剖析學習問題的診斷性評量，亦應注重學習狀況與成果的總結性評量。評量方法應採取多元化評量，運用檔案評量、遊戲化評量、評量表或檢核表，以及其他評量方法。呈現評量結果宜應對學生學習態度、意願、思考、表現、知識進行「質的描述」，對知識內涵進行適切的量化描述。教師規畫生活課程之教學評量時，應考量：評量內涵為何？評量方式為何？如何擬定評量標準？參與教學評量人員為何？何時實施評量？如何呈現評量結果？如何解釋評量結果？茲逐一討論之。

壹、基本能力與能力指標

　　九年一貫課程強調培養現代國民所需的基本能力，生活課程亦必須以此為目標，然何謂基本能力？何謂能力指標？乃各界相當關心的課題。

一、基本能力的意義

　　依據教育部（2003）之「國民中小學九年一貫課程綱要」，指出：國民教育階段的課程設計應以學生為主體，以生活經驗為重心，培養現代國民所需的基本能力。十項基本能力包括：了解自我與發展潛能，欣賞、表現與創新，生涯規畫與終身學習，表達、溝通與分享，尊重、關懷與合作，文化學習與國際了解，規畫、組織與實踐，運用科技與資訊，主動探索與研究，獨立思考與解決問題。

　　「基本」的意義，就層次而言，基本指基礎、核心、重要的，而非高深、外圍或細微末節的；就範圍而言，基本指完整、周延的，而非偏狹或殘缺的（林世華，1999）。基本能力是適應社會變遷，提升生活品質所必須具備的知能、習慣與素養。基本能力的要求隨著時空環境不同而異。學校教育目標在於開發個人潛能、因應環境變遷，學校應透過課程安排，培養學生生活所需的基本能力（楊思偉，1999）。因此，基本能力乃生存所需的基礎、核心、重要能力，生活所需的完整、周延能力；基本能力著重行為特質，且不限於知識內涵。

二、能力指標的意義

　　「能力指標」係指把學生所應具備的能力項目，轉化為可以觀察評量的具體數據，藉以反映學生的學習表現（楊思偉，1999）。教育部（1998）「國民教育階段九年一貫課程總綱綱要」中列舉十項國民教育基本能力作為達成課程目標的指標，並要求各學習領域課程綱要的研訂，應列出該課程的定義

和範圍、教學目標、基本能力（或表現標準）作為編輯教材、教學與評量的參照。教育部（2003）之「國民中小學九年一貫課程綱要」之課程計畫指出：學校課程計畫應依學習領域為單位提出，內容包含：「學年／學期學習目標、單元活動主題、相對應能力指標、時數、備註」等相關項目。可見，能力指標的設定，在國家層次的總綱綱要與各學習領域課程綱要均有所規畫（楊思偉，1999）。

各學習領域的課程綱要之基本能力指標，乃編輯教材、教學評量的參照，具有下列四項功能：(1)編輯教材的依據；(2)確立教學目標與運用教學方法的前提；(3)教師實施教學評量的準則；(4)基本學力測驗的基準。能力指標的設定在國家層次雖有所規畫，然而，學校與班級教師對能力指標的轉化與落實仍有其舉足輕重的地位。不同地區的學校與班級教師必須因應地區特性、學生特質與需求，把國家層次的能力指標作進一步的詮釋與調適（楊思偉，1999）。此充分反應於學習總節數之規畫。學習總節數分為「領域學習節數」（約占80%）與「彈性學習節數」（約占20%），後者可由學校自行規畫辦理全校性和全年級活動、執行依學校特色所設計的課程或活動、安排學習領域選修節數、實施補救教學、進行班級輔導或學生自我學習等活動。因此，教師可善用彈性學習節數來自行補充發展能力指標。

貳、生活課程評量內涵

以往實施教學評量多以知識為主，然九年一貫課程中強調將知識轉化為能力，著重培養學生自主學習能力與積極主動的學習態度，因此，生活課程的評量內涵除應兼顧認知、技能、情意等三個學習領域外，尚須兼顧學生的學習歷程、生活世界與社會行為，並兼顧能力、努力兩個向度。「學習歷程」包括學生的學習方法、習慣、努力程度、求知歷程或解決問題能力，學生以往限於書本記憶而疏於應用，使得學生自我解決問題的能力欠佳，故生活課程應將學習歷程納入評量之中。「生活世界」乃學生日常行為、待人處事能力，若評量忽略此部分，學生可能因而欠缺走入人群的待人處事能力，因此，宜將此方面學習納入評量。「社會行為」乃學生人際關係的社會行為或社交

技巧，時下學生常拙於情感表達或社交技巧，若於生活課程評量納入將此方面學習，將可強化學生的社會行為（李坤崇，2003）。

一、針對能力指標評量

基本能力是界定基本學力的重要依據。基本能力可轉化為各學習領域的學力指標，作為課程設計與學習成效評估的依據；亦可發展為學力測驗，替代入學考試，或用來評估學校辦學績效。培養國民基本能力乃九年一貫課程改革的主要特色，然基本能力的教學轉化仍有待教育人員進一步的詮釋與落實（楊思偉，1999）。

教育部於九年一貫課程綱要強調的國民基本能力乃理想、抽象之理念，而非實際、具體的教材內容或活動，故教師教學必須將基本能力轉化為具體的教學策略，如明確化、系統化的教材內容或生動化、多元化的教學活動，方能實施教學。

㈠基本能力有賴教學轉化

楊思偉（1999）認為基本能力的教學轉化策略包括：轉化層級、轉化連結、轉化方式三個向度。「轉化層級」係教師必須思考基本能力在哪些層級可以進行教學轉化工作，教學轉化至少可區分下列七個層級：課程綱要、教材或活動、學校、學習領域或學年、教師、學生、以及家長和社區。「轉化連結」係教師必須了解基本能力轉化為教學材料或學習活動時，可以和哪些範疇進行結合，教學轉化的範疇至少包括下列三項：七大學習領域、增進學生經驗，以及應用於日常生活。「轉化方式」係教師必須剖析基本能力教學轉化的可行方式，可行方式必須考慮轉化形式、轉化層面兩項，轉化形式又可分二：⑴單一基本能力轉化為一項或一系列教材內容或教學活動；⑵兩種或兩種以上基本能力轉化為一項或一系列教材內容或教學活動。有關將基本能力轉化為教學實踐策略的詳細內容，可參考楊思偉（1999）主持之「規畫國民中小學九年一貫課程基本能力實踐策略」之第三章第一節基本能力與教學轉化策略導論。

㈡基本能力難以直接評量

　　楊思偉（1999）強調基本能力是最高層次的課程目標，較具象徵性與理想性，並非教學所要達到的直接、具體目標。基本能力難以直接評量，必須細分能力指標再轉化為教學目標，欲評量基本能力必須對基本能力細分的分段能力指標再轉化的教學目標（或行為目標）與教學活動，方能進行教學評量。但能力指標若過於籠統轉化為教學將難以掌握重點。若能將能力指標再細分成數個細項能力指標，將更易於協助教師轉化教學目標，設計教學活動與實施教學評量。

㈢基本能力的演化與教學、評量

　　為求精確掌握綜合活動領域教學目標，宜將能力指標細分為細項能力指標，教師再依據細項能力指標，來擬定教學目標、設計教學活動、及實施教學評量，依據教學評量結果來回饋學生習得的基本能力與能力指標狀況，省思教學目標與教學活動的適切性。整個基本能力的演化與教學、評量關係，詳見圖 3-2。

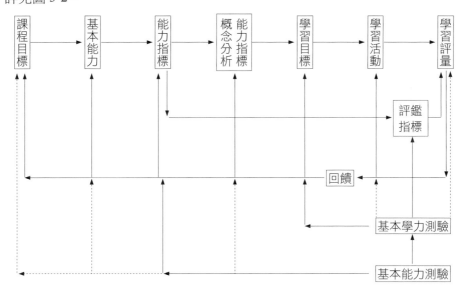

圖 3-2　能力指標、學習評量與基本能力（學力）測驗之關係（李坤崇，2002）

教師若能針對細項能力指標擬定教學目標，將比依據能力指標來擬定教學目標更為精確，更易掌握重點。然其前提係細項能力指標頗為完整適切，若違反此前提，則結果恰好相反。

參、生活課程評量原則

在國民小學低年級階段，社會、藝術與人文、自然與生活科技三大領域合成「生活」一個更大的領域來設計，其目的在於融合兒童自然的生活及遊戲活動，使兒童能夠參與群體生活、與人溝通交往、互助合作，能用心的觀察、察覺周圍環境的變化，能感受花草樹木的活潑生機，也能用自己的語言、圖畫、動作或歌唱來表達內心的感受（教育部，2003）。故生活課程進行評量時，除應掌握所含各領域之評量原則外，故應顧及生活課程的目的與理念。以下就生活課程所涵蓋三個學習領域的評量原則加以分述之（教育部，2003）：

一、社會學習領域

一般來說，此學習領域評量的內容與方式，對學生的學習導向與教師的教學方式影響甚巨；因此，關於能力指標的評量，應該審慎為之，並掌握下列原則：

(一)長期發展測驗與評量

政府應設立專業性的測驗發展機構，彙整中小學教師、學科專家、心理學家與測驗學家等智慧資源，長期發展各種評量政策、評量程序與評量工具，以供各級政府及國民中小學使用，避免以臨時組合人員、短期編制題目的方式對中小學生的基本能力進行評量。

(二)採用多元化的評量方式

評量方式窄化，往往導致教學方式的窄化，並扭曲學生的學習結果；因

此，關於能力指標的評量，切勿囿於紙筆測驗，即使採用紙筆測驗作為評量方式之一，也切勿囿於客觀式測驗（如是非題、選擇題、配合題、填空題等），因為，客觀式測驗不易測出組織、歸納、批判、統整、表達與創造等各種能力，而紙筆測驗則不易測出口語溝通、動作技能、程序操作與道德情意等各種層面。為引導教學趨向活潑與多元化，評量方式應該考量領域性質，適度採納教師觀察、自我評量、同儕互評、紙筆測驗、標準化測驗、實作評量、動態評量、檔案評量或情境測驗等各種方式，才可能協助學生兼顧德、智、體、群、美，並朝向全人化的方向發展。

(三)採用效標參照測驗（criterion-referenced test）的精神

效標參照測驗的標準是絕對的，是根據課程目標所定的，學生的表現水準決定於該生達成課程目標的程度，與其他學生的表現水準無關；因其目的在評估學生是否完成某些基本能力的學習，也在評鑑學校教學的成敗；理想中，我們希望所有的學生都完成能力指標的要求，也希望所有的學校都教學成功。

二、藝術與人文學習領域

此學習領域之評量目的在於判斷教學活動是否達成目標，教師必須蒐集資料加以客觀評量，以正確了解課程設計的適切性，並評估每位學生的學習預備狀況、學習現況、學習結果及學習遷移。評量所得，作為教師加強與補救教學的參考依據。以下即就評量範圍與方式說明之。

(一)評量的範圍

可分為：(1)探索與表現的學習成果評量；(2)審美與理解的教學成果評量；(3)實踐與應用的教學成果評量。

(二)評量方法

可併用「量」與「質」的評量，且可視教學目標、教學範圍、教學方法、

教學流程之需要，採取教師評量、學生互評、學生自評等方式，並應用：觀察、問答、晤談、問卷調查、軼事記錄、測驗、自陳法、評定量表、檢核表、討論……等方式評量，且可酌採相對解釋法與自我比較法等彈性評量措施。

三、自然與生活科技學習領域

此領域的評量原則宜掌握下列幾點：

㈠評量的主要目的在於了解學生學習實況，以作為改進教學、促進學習的參考。

㈡評量應具有引發學生反省思考的功能。導引學生能珍惜自我心智的成長、持平的面對自己的學習成就、察覺自己學習方式之優缺點。評量要具有敦促、鼓勵的效果，使學生相信只要自己努力或更加專注，定能獲得更好的學習成效。

㈢教學評量應以課程目標為依歸，考查學生是否習得各階段之基本能力及學習進步情形。教學評量應伴隨教學活動進行之。

㈣教學評量不宜局限於同一種方式，除由教師考評之外，得輔以學生自評及互評來完成。可運用如觀察、口頭詢問、實驗報告、成品展示、專案報告、紙筆測驗、操作、設計實驗及學習歷程檔案等多種方式，以能夠藉此了解學生的學習情況來調適教學為目的。例如，教學目標若為培養學生的問題解決能力，則可採用成品展示或工作報告的評量方式，而非純以紙筆測驗的方式做評量。

㈤在選編教材時，常為了培養學生分析、推理的能力，提供相關的圖表資料供學生參考，這些圖表資料未必在課程綱要的範圍之內。評量時仍應提供這些資料讓學生參考，不應要求學生記憶。

㈥教師對於自己的教學工作如教材選編、教學策略的引用、班級管理等，能時常參考評量的結果並作自我評鑑及調適。

㈦評量的層面應包括認知、技能與情意。

㈧評量的時機應兼顧形成性評量與總結性評量。

㈨評量的結果應用於幫助學生了解自己學習的優缺點，藉以達成引導學

生自我反思與改善學習的效果。

肆、生活課程評量方式

　　傳統評量幾乎均為紙筆測驗，且評分、排等第或決定領獎類別均以紙筆測驗之分數作為唯一依據，然因多元化評量的發展已漸趨成熟，已可做到相當客觀、公平；以往紙筆測驗僅以文字表達能力的單一標準來衡量所有學生，對不擅長文字表達者實不公平；以往紙筆測驗僅看學生表現結果與能力表現，未顧及學習歷程，也未考量努力程度，較多元化評量更無法達到立足點的平等（李坤崇，1999）。因此，實施生活課程評量宜採多元化、彈性化的評量方式。教師評量生活課程學習成效，宜彈性運用各種評量方式來適切評量學生，各種評量方法中，較常用於生活課程評量者為：檔案評量、評量表、檢核表、口語評量，以及概念構圖，茲扼要敘述之。

一、檔案評量

　　多元化評量中，檔案評量最適宜用於生活課程，因檔案評量乃教師依據教學目標與計畫，請學生持續一段時間主動蒐集、組織與省思學習成果的檔案，以評定其努力、進步、成長情形（李坤崇，1999）。檔案評量旨在突破以班級為單位，改以學生個人為單位，請每個學生均設計與製作個人學習檔案，就特定主題連續蒐集資料，經綜合統整呈現，以系統的展現學生個人學習的歷程與成果，可見，學生完成一份生活課程予以彙整後即成為一份完整的學習檔案，而用檔案評量來評量學習檔案乃最佳之策略。

　　檔案評量具有目標化、歷程化、組織化、多元化、個別化、內省化、整合化等特質，與生活課程系統化、組織化的學習歷程頗為吻合，且教師若善加輔以檢核表、評量表運用，可發揮下列優點：(1)兼顧歷程與結果的評量；(2)獲得更真實的評量學習結果；(3)呈現多元資料激發創意；(4)動態歷程激發學習興趣；(5)兼顧認知、技能與情意的整體學習評量；(6)培養主動積極的學習精神；(7)培養自我負責的價值觀；(8)增進自我反省能力；(9)增進各類人員

的溝通；⑽增進師生關係；⑾增強學生溝通表達與組織能力。

㈠檔案評量的方式

　　檔案評量內涵的呈現方式可採結構式、半結構式或非結構式的方式，必須依學生的年齡、程度、經驗而定，通常學生年齡較低、程度較弱或較無製作學習檔案經驗時，採結構式較佳；然若學生年齡較大、程度較佳、已有製作學習檔案的豐富經驗，則採非結構式較佳（李坤崇，1999）。

　　「結構式檔案評量」係指教師提供學生檔案主題、檔案重點、各項重點之學習單，給予學生明確的指導，學生依據學習單內涵充分發揮、展現其學習成果，此方式的優點係教師給予學生高度指導學生依循學習單內容，逐一完成即可達到教師要求，且評量較易訂定評量標準，評量較易實施。

　　「半結構式檔案評量」係指教師僅提供學生檔案主題、檔案重點，學生自行規畫呈現學習重點的內涵與形式，相較於結構式，學生更容易發揮自己的創意，運用此方式學生必須具備設計學習單、規畫學習重點的舊經驗，否則學生將茫然無所適從。

　　「非結構式檔案評量」係指教師僅告知學生檔案主題，未告知檔案重點與學習單，學生完全依據檔案重點發揮，自行決定檔案重點，自行規畫呈現學習重點的內涵與形式，學生完全依據自己的創意呈現學習結果。運用此方式的學生必須具備非結構式檔案評量的舊經驗，或年齡較大、程度頗佳。

　　就國內學生現況而言，國小學生實施檔案評量初期宜以「結構式檔案評量」為主，待學生具備此經驗，較能自由發揮創意之後，方採用「半結構式檔案評量」，最後，學生能製作「半結構式檔案評量」後，才讓學生嘗試運用「非結構式檔案評量」，然實施期間宜留意學生的學習狀況施以必要的協助或引導。

㈡實施檔案評量的步驟

　　為充分發揮檔案評量優點，減少可能的缺失，於生活課程實施檔案評量宜遵循下列六項步驟（李坤崇，1999）：

1.界定檔案評量的目的

於生活課程運用檔案評量，評量目的應呼應生活課程之課程目標，通常檔案評量依課程目標在於記錄學生學習生活課程過程的努力和成長，以增進學生自我成長與自我反省能力、診斷學生的學習類型與問題，及評鑑學生生活課程的學習成果，因此，生活課程檔案評量目的約可分為增進學生成長，診斷、回饋與溝通、評鑑等三項。

2.決定檔案評量的類型

界定檔案評量目的後，宜決定檔案評量的類型，若生活課程評量重點在呈現結果應選取「成果檔案」；若重點係了解學習過程或診斷學習問題應選「過程檔案」；若重點在檔案內涵與評量的標準化，或進行班級間、學區間的比較應選取「評量檔案」。另外，檔案內容數量的多寡，亦應提醒學生事先準備適切的資料夾、資料簿。

3.訂定檔案實作規準

檔案評量的表現或作品與其他評量一樣，均反映出學生達成教學目標的程度。教師應將擬用檔案評量來達成生活課程之課程目標者，轉化為更明確的實作規準，此實作規準乃教師課程目標的具體化，本質乃課程的行為目標。實作規準定義重要的表現或學生需要達成的學習目標，缺乏明確的實作規準，生活課程教學將茫然未知，表現或作品內涵將失去方向。因此，明確界定檔案實作規準乃生活課程檔案評量成功與否的關鍵。

4.轉換檔案實作規準為檔案項目

教師將檔案實作規準轉換為檔案項目，可直接將規準換為檔案項目，亦可將一項規準細分成數個項目，然檔案項目多寡應顧及學生能力、程度，所需時間、經費、家長或學校行政的配合度。無法用檔案資料方式呈現的規準，應採實作活動取代書面的檔案，或將實作活動照相、錄影呈現於檔案案中。

檔案項目宜與資料呈現方式相配合，學習過程可留下正式紀錄者，可採

「學習成果紀錄」方式，如作業、圖表、測驗卷、檢核表、評定量表、作品、或書面報告。實作活動或學習過程難以留下正式紀錄者，可採「複製品」方式，如活動錄影帶、訪談錄音帶、照片、討論紀錄或錄音帶。學習過程或成果有賴他人證明者，可採「他人證明」方式，如同儕意見、家長意見、教師意見或其他有關人員意見，參加活動證明或參觀入場卷。專門為檔案製作的書面資料，可採「檔案製作品」，如檔案目錄、檔案反省、檔案心得或檔案註解。

　　省思與檔案註解乃引導學生自我成長、自我負責的重要工具，教師宜盡量納入檔案項目中。省思乃學生對生活課程學習或平日學習的省思，每週或每月省思一次、格式化或開放式省思等兩項必須視學生年齡、語文程度與省思經驗來決定。生活課程之檔案省思乃學生對生活課程各項資料所作的省思，如：(1)我做了什麼？為什麼？(2)我為何納入此作品？(3)我從此作品學到了什麼？(4)我最滿意或不滿意的作品為何？為什麼？(5)做完整個檔案我學到了什麼？(6)我未來的努力方向是什麼？檔案註解乃學生對其檔案內容與目的所作的說明，教師宜引導學生說明生活課程學習與檔案製作過程，將能深入了解學生思維或診斷學生學習問題。

5.擬定評量標準

　　檔案評量較傳統紙筆測驗的評量難客觀化、花時間，然為力求客觀與省時，教師應事先擬定評量標準，若檔案評量目的在「增進學生成長」或「診斷、回饋與溝通」，僅需描述學生在每個檔案項目的表現，即足以提供必要訊息給學生本人、其他任課教師、下一年級教師或家長，不一定需要再提供檔案評量的分數或等級。若檔案評量目的在「評鑑」，教師欲鑑定學生的進步、努力與成就情形，並判斷教學是否成功，除描述學生在每個檔案項目的表現，尚必須提供檔案評量的分數或等級，甚至為學生排等第。

　　評定評量結果，可呈現「整體檔案」或「分項檔案」的結果，評量內涵可包括「能力」、「努力」兩個向度，結果表示可採「文字描述」、「決斷點」、「等級」或「計分」等方式。

　　呈現「整體檔案」結果可得一檔案的整體概括狀況，優點在於評量快速、

省時省力，但較難以發揮診斷功能，如寫作的評量僅呈現整個寫作檔案的文字敘述、截斷點、等級或分數。呈現「分項檔案」結果可得檔案每個項目的結果，優點為可診斷學生在每個檔案項目的優缺點或進步情形，但缺點則為費時費力，評閱速度較慢，如寫作的評量可精簡呈現下列四項分項結果：(1)內容切合主題、生動；(2)段落分明，善用佳句、佳詞；(3)用字、標點符號正確；(4)學生的努力程度。

生活課程檔案評量內涵不應僅局限於學生「能力」評量，因天生資質或環境文化刺激差異，有些學生原屬高能力群，亦有些屬低能力群，必須輔以「努力」方能激發不同能力層的學生用心製作檔案。

「文字描述」必須具體明確，且清晰告知學生檔案優劣，有少數教師對學生檔案評定為「重做」或「檔案不知所云」，此文字敘述過於籠統且負向，應可改為更明確的文字敘述，如「參考某某同學的檔案，再做一次會更好」，「檔案的重點若放在……可能更好」。「決斷點」係教師評量前決定以某個等級或分數作為精熟與否的決斷點，若學生優於此決斷點則視為通過、接受或滿意，若劣於此決斷點則視為不通過、不接受或不滿意，因教學乃持續協助學生成長歷程，運用決斷點重點不在決定通過、接受或滿意與否，而在決斷後的補救教學或加深加廣教學計畫。「等級」係教師將檔案結果分為數個等級，如很好、不錯、加油、改進、補做或補交等五個等級，或優、良、加油等三個等級，然各等級間的區分應相當明確，方不致混淆。「計分」係教師將檔案結果以分數呈現，計分前教師應審慎思維各個項目的重要性予以加權計分，且視需要給與學生製作檔案的基本分，增強學生製作檔案的興趣。

進行生活課程之檔案評量時，教師不是唯一的評分者，為提供學生自我評量機會，鼓勵家長參與子女評量，激發同儕合作學習，應可納入學生本人、家長、同儕參與評量。尤其應納入學生自我評量，鼓勵學生對自己完成的檔案以自我觀點來檢討、評量，鼓勵學生表達製作檔案的構想與歷程、檢討檔案優缺點，讓學生充分省思製作檔案前後的學習表現或成果。

有些教師於學生製作完生活課程學習檔案後，才將評量標準告知學生、或請哪些人員參與評量，使得學生準備與製作檔案無法與評量充分結合，故教師應將檔案評量標準或邀請哪些人員參與評量，於製作檔案前告知學生，

讓學生得以充分準備。

6.製作使用說明與製作檔案

依據檔案項目設計學習單與擬定生活課程之檔案評量標準後，為提高檔案評量的信度、效度，教師宜審慎製作「檔案使用說明」，讓學生、教師或有關人員清晰了解檔案製作過程與評量方式、標準。「檔案使用說明」包括「給學生或有關人員的檔案整體說明」、「給教師的檔案使用與評量說明」，前者應包括檔案內容、評量標準、注意事項或完成期限，若已完成整個檔案的學習單亦應發予學生，讓學生或有關人員得以了解檔案全貌；後者應包括學習目標（評量規準）、使用與評量方法、評量標準、評等或計分方式、參考答案、補救教學、補充說明或注意事項等九項。。

檔案必須與教學充分結合，以達成教師設定的教學目標，因此，學生製作檔案時，教師應可從下列幾項來提高檔案品質：(1)定期與學生討論檔案內容，提供立即回饋；(2)協助學生擬定檔案目標與設計重點；(3)定期檢核學生檔案資料蒐集情形；(4)定期與家長或有關人員就檔案內容，溝通學生學習情形，研擬協助或增強策略；(5)提高家長或有關人員參與意願，激勵學生製作檔案動機。

檔案評量通常會增加教師工作負擔，建議教師適度納入優秀小組長或具教育理念且熱心的家長來協助初評，教師再實施複評。然對評量者應施以適切之訓練，訓練應循下列步驟：(1)告知檔案製作目標與評量重點；(2)共同討論評量標準；(3)評量者對檔案範本進行評量；(4)與評量者討論評量結果的差異與原因；(5)再分別就不同範本練習計分、比較評量結果並討論改善；(6)重複練習直到評量者與教師評量結果幾乎一致。若教師能遴選夠多的小組長或家長參與評量，且評量目的在於「評鑑」學習結果時，建議每項檔案由兩人以上直接評量。

⊜實施生活課程檔案評量的原則

實施生活課程檔案評量若能留意下列原則，將較能發揮呈現多元資料，激發創意及學習興趣，增進自我反省能力，培養主動積極的學習精神，以及

增強學生溝通表達與組織能力等功能。

1. 主題活動與檔案評量結合

生活課程常運用主題系列活動，整個系列活動乃有目的、系統的學習歷程，學生若能順此學習歷程邊學習邊整理，邊做邊省思，將學習與省思結果系統的整理，將是一份完整的學習檔案。因此，教師進行主題活動時，應提醒學生整理學習檔案的方法與原則，讓學生逐步彙整各項學習活動成果與記錄，讓學生省思活動成果，不斷改善，追求自我超越。

2. 引導自我省思與評量

一個能促進反思的評量方式，乃為一個以學習者為中心的評量方式，其基本原則是建立在使學生有內在動機去追求精熟、改進及成功的目標上，而不是將焦點置於分數的外在比較上。此種評量的形式應能讓學生參與其中，使其能尊重測驗的目的、內容、形式。這些評量方式可包含實作評量與學習檔案，因這些評量方式與教室課程相連結，為持續進行學習歷程的一部分，同時透過這些方式，學生可監控個人的學習進展。

以下即以目前最常用的學習檔案來說明其增進反思的運用方式（歐慧敏，2003）：

(1)教師應為學習檔案準備一份文件選項清單，此清單的內涵為教師所重視的學習面向及想加以評量並報告出來的學習成果。這些學習成果是以學生的實作表現（performance）、學習歷程（process）及知覺（perceptions）為基礎，因教師不僅要檢視學生的實際工作，亦應檢視其策略及態度。其實作表現的證據可以已完成的工作清單或作品為代表；學習歷程的證據則可以學生的草稿、半成品、策略的評量及教師對學習行為的觀察；知覺的證據包括自我態度、動機及工作進展的自我報告。

(2)由學生自行決定哪些作品要放入學習檔案中。學習檔案提供一個具體的方式，讓學生學習評價其工作，當他們要為哪些東西可收入學習檔案內的決定負責時，就有一股驅力使其從新的觀點來檢視工作。

(3)利用自我評鑑、調查清單或問卷來鼓勵思考其工作成果。此類清單提

供一個架構來幫助學生檢視並清楚地說明自己檔案夾作品的選擇理由及值得注意的事項。

(4)安排置入檔案內的學習日誌，以記錄學生的回應、自我評鑑及在學科中所習得的重要概念。並利用學習日誌來評量學生的概念理解、計畫及策略。

(5)安排時間，讓學生彼此分享其學習檔案，若是可以，亦可邀請家長加入。此一安排乃是讓學生觀摩彼此的作品，營造出高動機的學習環境。

(6)使用學習檔案摘要單，其內含應包括給老師及學生評論的空間，其完成時間，應在分享檔案之後，協談會議之前。學生應在所屬的部分填寫完畢。摘要單設計應符合提供一個理解的架構，讓學生去檢視其工作成品及為師生間學習檔案協談會議提供一個指標。

(7)透過不同形式的協談會議，討論學習檔案的內涵，讓學生以語言傳遞想法，藉著放慢思考歷程並分享，來測試想法和探索自己的態度，並養成反思的能力。教師在回應學生日誌及協談會議，隨時誘發反省思考，接受立即的回饋，如此學生不會重蹈覆轍或變得無趣。

另外，為引導學生的自我省思，可運用學生自我評量。自我評量可促進學生的參與感及責任，透過自我評量，學生可經由反思及評價而了解到什麼是被期望做到的，而藉此提高學習動機，使能以其成就為榮，並對自己的弱點有實際的了解。

Tower 與 Broadfoot（1992）指出自我評量可分成四個階段：(1)知識階段：回憶先前的經驗及工作，並提供具體的記錄；(2)分析理解階段：尋求理解事前發生的原因，並為其表現作出歸因；(3)評估階段：評判工作品質，並為其建構出合理的解釋；(4)綜合階段：以過去經驗組織新知識，將其評估納入更大的學習情境中，來設定未來學習目標。

Van Kraayenood 在一九九三年指出只要鼓勵學生做到檢視其所創作的作品、透過留存的紀錄回顧學生歷程、以書面資料說明其選擇及喜好、和師長交談協商、合作式的寫作、分享個人回應等事項，各年級的學生均能進行自我評量（Paris & Ayres, 1994）。

3.循序漸進引導學生自主學習

　　檔案評量最終目的係引導學生自主學習，李坤崇（1999）強調檔案評量內涵的呈現方式可採結構式、半結構式或非結構式的方式，必須依學生的年齡、程度、經驗而定，通常學生年齡較低、程度較弱或較無製作學習檔案經驗時，採結構式較佳；然若學生年齡較大、程度較佳，已有製作學習檔案的豐富經驗，則採非結構式較佳。因此，實施檔案評量應採漸進式、引導式模式。國內中小學學生製作檔案的經驗甚少，為避免學生茫然摸索或一開始即遭受嚴重挫折，應採取漸進式、引導式的實施模式，由觀摩檔案範例、再製作小規模檔案，後製作較大規模檔案的漸進式模式，但不可超出學生可運用資源或花費太多時間。學生製作檔案初期，應與學生較多的引導、討論，最好提供書面資料講解檔案的學習目標、製作程序、製作原則、製作注意事項，及評量方法與標準，讓學生能深入了解檔案製作與評量，免於過度憂慮與不安。

4.配合其他評量並行運用

　　雖然檔案評量具有目標化、歷程化、組織化、多元化、個別化、內省化、整合化等特質，可發揮兼顧歷程與結果的評量，兼顧認知、技能與情意的整體學習評量。但卻衍生下列問題：(1)增加教師批閱時間、教師工作負擔、經濟負擔等問題；(2)評量易流於不客觀與不公平；(3)易受學生語文程度、表達、組織能力影響；(4)易受月暈效應；(5)家長參與程度不同會影響其子女檔案優劣。教師於生活課程運用檔案評量，若能輔以其他評量方式或工具，如傳統紙筆測驗、遊戲化評量、實作評定量表、觀察檢核表、口試或公開展示方式，其中口試能減少學生假手他人或抄襲他人的機會，並增進學生間分享與觀摩學習機會，可多加運用。

5.善用多次、階段的協助或省思

　　檔案評量乃教師依據教學目標與計畫，請學生持續一段時間主動蒐集、組織與省思學習成果的檔案，以評定其努力、進步、成長情形。教師於生活

課程運用檔案評量，應引導學生在一段長期的資料蒐集過程，分成幾個階段與討論、檢視學生的進度與狀況，階段性呈現作品展示或交換同儕心得，並施以立即的協助或評量，將更能精確掌握學生學習歷程，診斷學習問題，提高檔案的品質，增進學生成長，及增強省思能力。

二、評量表

評量表（或稱評定量表）係指一組用來作為判斷依據的行為或特質，及能指出學生在每種屬性中不同程度的量表，可用以評量學生學習態度、策略與興趣，或人格、情意發展狀況。評量表之外觀與運用方法與檢核表頗類似，二者主要差異在於判斷的「型式」，評定行為或特質時，依各項出現頻率或程度評定「等級」，檢核表則評定各項行為或特質「是否」出現（李坤崇，1999）。評定量表、檢核表可兼採「教室或家庭觀察」，以評量學生用之日常生活的實踐情形。教師應依據生活課程教學單元目標與實際需要，設計「日常生活觀察紀錄表」、「社會行為觀察紀錄表」，以系統記錄學生將生活課程學習成果用於日常生活、社會行為的狀況。

㈠評量表的類型

評定量表可用於評定廣泛、多樣的學習結果和身心發展的方向，Linn 與 Gronlund（1995）將評量表使用領域分為「過程或程序評量」（process or procedure assessment）、「結果評量」（product assessment）等兩類。

1.過程或程序評量

在生活課程，學生經常透過實作來表現，如朗誦或演講能力、解決問題能力、操縱設備能力、製作成品能力、唱歌或演奏樂器等能力，均難以從單一結果或作品來評量，而用簡短回答或固定反應的紙筆測驗亦難以充分測量能力，因此，必須依據「實作程序」來觀察與評定學習結果。

Linn 與 Gronlund（1995）認為：評定量表特別適用於「過程或程序評量」，因此這種評量可觀察每位學生在相同行為的表現，亦可在共同的量尺

記錄、評定學生學習結果，若能以具體、明確的學習結果來編制評定量表，「具體的評量向度與行為描述」可使學生清晰了解教師期望其表現的行為，則量表本身即為良好的學習指引或教學計畫。

2.結果評量

若學生於參與生活課程的實際體驗、操作行為而產生某些作品或結果，則採結果評量較過程或程序評量為佳，如寫作能力宜直接評量所完成的作品，不太需要觀察評量寫作的歷程。然而有些能力，如繪畫、打字、木工、砌磚等，學習初期宜先評量過程，待熟悉基本的動作或技巧後才評量作品或結果。結果評量頗適於生活課程，諸如繪圖、戲劇、表演、學期報告、讀書心得、實驗操作結果、以及製作特定課程主題報告，均適於結果評量（李坤崇，1999；陳英豪、吳裕益，1991；Linn & Gronlund, 1995）。

評定量表之結果評量與過程或程序評量相同，均可觀察每位學生的作品表現，在共同量尺評定學生學習結果，且編制量表呈現「具體的評量向度，與作品或結果屬性描述」，可使學生清晰了解教師期望其表現的作品或結果，使量表成為良好的學習指引或教學計畫。

結果量表可用於鑑定任何作品或結果的特質，但評量必須顧及教學目標、評量目的、學生年齡與程度，教師甚難找到可用的現成結果量表，若欲運用通常須自行發展屬於自己的結果量表，因此，教師較少使用結果量表。教師若擬運用可發展較「簡易的結果量表」，先從學生作品中仔細挑選五至七份，分別代表不同等級水準的作品，並依等級優劣依次排序，每個水準分別給予一至五（或七）的數值或得分；其他學生作品依據上述各水準等級的樣本作品進行比較，即可評定每份作品的等級。簡易結果量表雖可減輕教師負擔，卻為暫時性措施，若運用不限於班級，擬應用較廣或評量較複雜作品或結果，則應抽取較大、較具代表性的樣本，經標準化程序編制較嚴謹的結果量表（李坤崇，1999；陳英豪、吳裕益，1991；Linn & Gronlund, 1995）。

(二)實施生活課程評量表的原則

李坤崇（1999）認為教師運用評量表時，常見個人偏見、月暈效應、邏

輯謬誤等三種缺失，設計評量表時有效運用下列原則：

1.評定特質應有教育意義

評定量表必須符合教學目標與擬評量的學習結果，教師編制生活課程評量表時應先詳細列舉生活課程學習結果，再以行為術語具體敘述學習結果，次選擇與評析哪些特質最適於評量具體學習結果，最後將敘述格式稍加修改以符合評定量表之形式。

2.確認評量的學習結果應呼應評量目的

評量成敗關鍵在於是否納入應該評定的重要學習結果，釐清生活課程學習結果將有助於決定評量的優先順序，區別學習結果的實作水準，減少對不相干因素的依賴。當多元學習成果乃為評量目的時，分別呈現所評定每一項學習成果，將可增加形成性回饋的價值，以適時提供生活課程學習結果的回饋給學生。

㈢評定特質應可直接觀察，無法充分者應予略去

欲實施直接觀察應符合兩要件：⑴特質應被限制對於那些發生在學校的情況，教師才有機會直接觀察；⑵觀察者能清晰觀察的特質。如參與教室討論的發言次數或發言內容、上課課堂違規行為的次數、實驗操作過程的標準動作、或國語或英語發音的清晰性與正確性等行為，均能容易、直接觀察。編制評量表應盡可能限於可直接觀察的評定特質，對無法充分觀察的特質應予略去，不宜勉強評定（李坤崇，1999）。

㈣清楚定義量表特質、觀點

許多評定誤差導因於使用模糊的特質和不適當的定義，因量表各點位置所代表的意義或程度不夠清晰明確，致使評定結果易流於主觀，且一致性較低。評定量表各點所代表的意義或程度，必須清楚明確的規範，若能輔以量化資料當更佳。如一位教師要求學生記錄未來兩週「帶手帕、衛生紙到校」的行為，以優、良、可、劣四等級來表示結果，本來定義四等級的標準為

「優：做得很好，良：已經做到，可：已有進步，劣：繼續努力」，經修改重新定義等級為「做得很好：每天都做到，已經做到：一週有五、六天做到，已有進步：一週有兩到四天做到，繼續努力：一週只做一天或都沒做到」。

㈤選擇最適合的評量內涵與目標的評量程序

評量實作最常見的兩種評量程序為整體（holistic）、解析（analytic）的評量程序。整體評量程序針對每項實作予一單一評定或分數，量表通常分成四到六點，依據評分的具體標準，就實作品質實施整體判斷。解析評定程序必須辨別實作的不同向度或特質，依不同向度或特質分別評定結果。解析評定程序較整體評定程序具有診斷價值，因其可深入了解不同向度或特質的各項優劣，作為提供改善策略的依據，而非僅獲得一籠統的結果。

㈥評定等級最好在三至七個，且宜讓評定者適切註解

評定量表分成幾個等級應視評定特質與評量目標而定，若評量結果只作粗略判斷，等級數目可以較少，若欲作較精確判斷，等級數目應較多，而等級數目應在三至七個等級之間。若等級僅為兩項將成為是非、對錯之檢核，若超過七個等級，將造成評分過程較費時費力，因此，除非特殊狀況不宜將評量等級分成七項以上。另外，評量各個項目的等級之後或整個評定量表最後，宜留「評語」或「備註」，讓評定者註解以補充說明量化評定的不足。

㈦若實作評量為長期結果，應整合數個觀察者的結果

多名教師共同對學生行為評量結果的穩定性，高於任何一位教師的單獨評量，多人評量可抵銷教師個人的偏見，尤其學習是長期持續的結果，評量應整合不同教師的評量結果，方能更精確呈現學生的學習結果。中小學教學除小學採包班制外，國中、高中職則採分科教學，教師與學生互動時間較少，相對觀察時間減少，欲評量學生學習結果應採多人聯合評量方式。

三、檢核表

　　檢核表係依據教學或評量目標，先將學生應有、可觀察的具體特質、行為或技能，依照先後發生順序或其他邏輯規則逐一詳細分項，並以簡短、明確的行為或技能描述語句來條列出行為或技能標準，後請檢核者（包括教師、家長或學生）就學生的實際狀況依序勾選，以逐一評定學生行為或技能是否符合標準（李坤崇，1999）。

㈠檢核表得失

　　李坤崇（1999）認為檢核表具有下列優點：(1)不僅具診斷性，亦可重複再使用，以評估學生的進步情形；(2)提供學生行為的詳細紀錄，讓學生充分了解自己的行為或技能現況，並診斷有待改善之處；(3)同一份檢核表可用於不同學生，或相同學生在一段時間過後再使用；(4)若運用同一份檢核表每隔一段時間重複評量，可評估學生隨時間的進步訊息。

　　檢核表主要缺失乃教師面對各個行為標準只有兩種選擇，有或無、對或錯、通過或不通過，而沒有提供中間範圍。然而頗多行為或技能難以二分，而係程度高低，使得教師難以從兩種選擇中抉擇。檢核表另一項缺失乃教師難以客觀檢核與呈現結果，雖然各個行為標準力求明確，且前述三種呈現結果方式可供教師參酌，但由於教師主觀的認定寬嚴不一，使得檢核客觀性遭受質疑（李坤崇，1999）。

㈡實施生活課程檢核表的注意事項

　　李坤崇（1999）強調為減少檢核過程較主觀的缺失，檢核表記錄各項特質與動作時宜注意下列四項：(1)明確辨認、敘述擬評定行為的每一項具體動作；(2)能明確界定的共同錯誤的動作，宜加列在圖表上；(3)依出現順序或相近行為排列擬評定的正確動作或可能錯誤動作；(4) 設計簡易的紀錄，利於記錄動作發生之順序、檢核各項動作；(5)檢核者宜兼顧教師、家長、學生，引導家長與學生共同參與評量，不僅可激發家長責任感，更可促使學生自我尊

重與自我負責；(6)宜有詳細「使用說明」方能適切檢核，空有檢核表而無使用說明，檢核者可能誤用或濫用；(7)若有必要宜辦理「使用研習」，協助教師適切善用檢核表。

四、口語評量

生活課程引導學生將學習結果用於日常生活，而日常生活的人際溝通以口語表達最為直接便利，因此，生活課程評量宜納入「口語評量」，常用口語評量乃「口試」（oral examination）、「問問題」（questions）。「口試」較常用於生活課程之總結性評量，如國語可用演講、辯論、口頭報告、經驗分享故事接龍來評量，數學採放聲思考，解題經驗分享、日常應用心得分享、口頭報告、表演等方式來評量。「問問題」較常用於生活課程形成性評量，教師於教學過程以問題問學生乃常見的師生互動模式，只是較少教師將問問題納入教學評量，將其視為教學評量的一部分。

㈠口語評量的功能

Airasian（1996）認為「問問題」可發揮下列功能：(1)提高參與感；(2)加深思考過程；(3)增強同儕互動與學習；(4)提供立即增強；(5)利於掌握教學進度；(6)提供診斷資料作為施予補救教學之參考李坤崇（1999）。李坤崇、歐慧敏（2000）強調適切「口試」可發揮下列優點：(1)評估學生概念的完整性；(2)較紙筆測驗更能評量學生的認知與情意；(3)適於評量較高層次的學習結果；(4)立即診斷學生的學習問題；(5)增進學生語言表達能力與組織能力；(6)改善學生的學習方法與態度；(7)較不受作弊影響。問問題或口試雖具有其優點，然亦具有下列缺失：(1)難以建立適切的評分標準，影響測驗的信度；(2)難以區分語言表達能力與真正學習結果，對語言表達能力較差學生不利；(3)評分者的主觀意識易造成評分結果的偏差；(4)口試時間耗時且需較多人員，不符經濟效益。為發揮優點減少缺失，李坤崇（1999）認為口語評量應遵循下列原則：(1)口語表達須與教學目標相關，呼應生活課程目標；(2)避免廣泛、模糊的題目；(3)使用直接、簡單的問題；(4)允許學生充足時間回答；(5)候答態

度應和藹，避免給學生壓力；(6)審慎衡量運用時機；(7)事前建立公正客觀的口試評量標準；(8)先讓學生了解口試程序與評量標準；(9)同時請兩位以上受過訓練的優秀人員擔任口試主試。

（二）實施生活課程口語評量的原則

　　綜合分析上述得失，若評量教學過程的問題，給予學生立即回饋，增進學生口語表達能力，宜採問問題方式。若擬評量較複雜、較具綜合性的學習結果，以及評估學生的語言表達能力，宜運用口試進行教學評量。李坤崇（1999），李坤崇、歐慧敏（2000）強調教師實施口語評量應遵循下列原則：

1.口語表達須與教學目標相關

　　教師於教學過程問問題或教學後實施口試，均應與教學目標相結合、相呼應，教師教學前的準備應將擬問的問題納入教學過程或計畫之中，方不致於口語表達與教學目標脫節。

2.避免廣泛、模糊的題目

　　教師問問題或口試時，問題應避免過於籠統廣泛、普遍、模糊，有些教師問學生：「大家都懂了嗎？」，因有學生害羞或怕被責罰而不敢承認不懂，有些學生實際不懂卻自認為懂了，與其問此問題，不如直接詢問須懂的觀念或技能。有些教師口試時問學生：「怎麼做種子發芽需要土壤的實驗？」，若改為「如果你要做種子發芽需要土壤的實驗，你會準備哪些器材？你設計實驗的步驟？你會怎麼來觀察綠豆發芽的情形？」可能較為具體、明確。

3.使用直接、簡單的問題

　　教師所問的問題過長，將易使學生疲勞，問題過於複雜，將易使學生難以理解，使得評量結果只反映出不理解問題，而無法反映出對教學目標的精熟度。

4.允許學生充足時間回答

學生思考與組織問題答案需要足夠時間,尤其是難度較高的題目需要更多的時間,教師應允許學生短暫的沈默,讓學生充分思維後才回答問題。有些教師較不能忍受學生沈默,催促學生回答,將使得學生更為緊張、更難以回答問題。

5.候答態度應和藹,避免給學生壓力

教師候答的表情與態度會影響學生的回答,若教師眉頭深鎖、眼神兇惡、表情不耐煩,將會令學生感受到壓力,衍生緊張反應。若教師面帶微笑、表情和藹、眼神支持、點頭鼓勵,將會增強學生信心,勇於說出自己的答案。

6.審慎衡量運用時機

問問題於教學過程中,可立即了解學生問題施予適切補救,且可增進學生語言表達;口試可用來評量高層次的認知、情意與態度,增進學生語言表達與組織溝通能力。問問題較適於增進學生覺察學習現況、診斷學生立即問題、或與學生立即回饋,口試較適於正式的評鑑,然因口試、問問題均耗時費力,且較不客觀,若其他評量方式能達成口試的評量目標時,宜採其他評量方式,若紙筆測驗、評定量表或檢核表可達成者,則不採口試較佳。

7.事前建立公正客觀的口試評量標準

口試或問問題最令人詬病者為「評分者的主觀意識易造成評分結果的偏差」,為克服此問題,不宜將教學歷程的問問題納入教學評量,而實施口試前宜建立公正客觀的評分標準,如內容與主題的符合、組織流暢程度、內容生動程度、姿勢、音量、速度、發音、或時間若能於事前確立評量項目、評量標準或計分方式,且逐一條列,當可建立較公正客觀的評量標準,且精簡評量時間。

8.事先讓學生了解口試程序與評量標準

學生對口試程序的未知與評量標準的茫然，會增加未知的壓力，若能於事前告知口試程序與評量標準，將可讓學生減少壓力，更可讓學生有努力方向而全力衝刺。

9.同時請兩位以上受過訓練的優秀人員擔任口試主試

受過訓練的優秀人員係指受過口試評量訓練，具有評量專業素養，且能公平、客觀、認真實施評量者。口試評量訓練應循下列步驟：(1)告知口試的目標與評量重點；(2)共同討論評量標準；(3)參與訓練者對口試範本（如口試學生之錄影帶）進行評量；(4)與參與訓練者討論評量結果的差異與原因；(5)再分別就不同範本練習計分、比較評量結果並討論改善；(6)重複練習直到參與訓練者與教師評量結果幾乎一致。經受過訓練的優秀人員，盡可能由兩人以上同時共同評量，將會使評量結果更為客觀。

五、概念構圖

概念構圖（concept map）旨在將學習活動中機械式學習轉變為有意義的學習；將評量方式從紙筆測驗轉化到以評量概念關係結構為主的圖形評量方法。其主要的理論基礎在於將新概念或知識的學習植基於舊概念或知識的既有基礎上，把新舊知識連結成一種有意義的網路脈絡形式。以「點」的學習擴及至「面」的學習，乃為一種有意義的結構化學習法（余民寧，1996）。

以下茲將此法之功能、方法、概念圖要素、概念名稱、概念圖的製作步驟、教學評量前的準備活動、教學評量活動說明於下：

(一)功能

1.為一種直觀式啟發法，能運用在許多知識領域或教學情境中，促發學生有意義的學習。

2.當成一種後設學習策略，能幫助學生監控其學習歷程。

3.能探索學生學習中其概念的轉變及知識的習得歷程。

4.亦可當成一種評量工具，作為評量及教學的參考。

㈡方法

1.對其學習內容的概念先作階層性的分類或分群。

2.將概念間的關係以連結線作連結。

3.在連結線上標記連結語，以輔助說明概念間的連結關係。

4.最下階之概念可舉例說明，以形成一個有意義的命題。

㈢概念圖的要素

其要素包含：概念、階層、連結線、連結語、交叉連結線、命題。

㈣概念名稱

概念名稱可以是字、符號、物件、事件；及對這些字詞所聯想產生之心像。

㈤概念圖製作步驟

1.教師建構一份概念圖作為教學的起點。

2.選擇一個簡單的主題及其概念圖開始。

3.透過教學，繪製此概念圖。

4.補充相關概念，運用連結線將有意義的兩兩概念予以連結。

5.標示適當的連結語，以完成有意義的命題。

㈥教學前的準備

1.提示：比較熟悉字詞之不同，了解什麼是概念。

2.對比：了解概念與連結語的不同，及其用法，以造出有意義的句子。

3.舉例：舉例說明，使學生在學習概念前，已喚起學習所需之背景知識，以方便有效實施概念構圖和進行評量。

(七)教學活動

　　1.選擇：要求學生對欲討論之主題進行閱讀，以決定其中概念。再選出關鍵字或片語（概念），再與學生進行討論最具概括性的概念。

　　2.歸類及排序：根據每個概念所包含屬性的從屬關係或概括性，將相似者歸為一類，形成一個群集。將概念排成一個序列表，將最具概括性的概念排在最上面，往下特殊具體化，以此類推。

　　3.連結及連結語：將相關聯的兩個概念用連結線連結起來，以形成有意義的命題，在連結線上加上連結語，以說明概念間的關係及意義。

　　4.交叉連結：不同群組間的概念，找出最具相關聯性者，以連結線進行連結，並標上適當的連結語，以說明不同群組概念間的關係。此為創造思考的表徵。

　　5.舉例：最特殊、具體之概念，融會貫通後，舉出實例以說明之。

伍、評量時機

　　教學評量於教學前實施安置性評量，教學歷程實施形成性評量或診斷性評量，教學後實施總結性評量。生活課程之評量不僅著重學習、活動過程的形成性評量，重視剖析學習問題的診斷性評量，亦應注重學習狀況與成果的總結性評量。就生活課程的實施歷程，通常以形成性評量為主，總結性、診斷性評量為輔，教師通常會善用教學歷程的評量，採取邊實施生活課程邊評量的模式，尤其是實際生活與應用能力的檢核，學習方法與學習態度的評量。因應邊教邊評量模式，宜揚棄將學習單與評量單分開之概念，教師設計學習單應納入評量構想，將評量隱含於學習單之中，方能發揮教學與評量統合化的效果。

陸、評量結果呈現與解釋

　　高浦勝義（1998）認為「綜合學習評量」不宜以各科考試成績所得的數

據做評量，必須針對學生在學習或活動過程，報告書或作品、發表或討論中所看得到的學習狀況或成果，表現良好部分增強，並對學習的意願或態度、進步的情形等適當的評量；且強調在學生學習結果通知單中，不作價值等級判斷，僅記錄所看到的實際狀況。因此，呈現生活課程的評量結果，應以質量並重為主；呈現生活課程四項評量內涵的學習結果，宜對思考批判、技能表現、意願態度、知識理解之內涵進行「質的描述」，對知識理解內涵進行適切的量化描述。然因，現今國內家長「分數至上」觀念難以立即消除，或許採漸進、選擇模式較易實施，漸進係由質、量兼顧到質的描述歷程，選擇係提供等級、分數供教師參酌選擇納入質化描述。

一、由質量兼顧到質化為主的呈現

高浦勝義（1998）強調「不採用以考試成績來作綜合學習的量化描述」，以此觀念引伸到生活課程，生活課程評量不宜舉行紙筆式的考試，更不應以此考試對學習結果予以量化。然若於學習過程採取設計嚴謹的評量表與檢核表、遊戲化評量、口語評量、檔案評量、或其他異於紙筆式考試的多元評量方式，所獲得的量化結果，則可作為描述生活課程學習成果的數據。

國內家長斤斤計較分數，分數至上邏輯欲立即導正或有困難，若能於實施綜合活動領域初期，兼採量化、質化描述呈現結果，逐年實施逐漸降低量化描述之次數與比例，逐年增加質化描述之內涵與比例，或為循序漸進之作法。然量化描述必須經嚴謹的規畫設計，遵循多元評量的編制原則，方能提供具客觀的量化數據。

二、鼓勵學生長處與提出改善建議

高浦勝義（1998）認為日本最近教育改革廢除各學科量化描述，採取積極在學習通知單「事實及所見」欄或「行動紀錄」欄中，敘述學生優點與努力改善建議的作法。日本千葉市打賴小學（1998）平成九年的學習通知單中均特闢一頁「家長、學生、教師的話」，請學生先定「自己的目標」，再寫

出「努力過的事」，此部分引導學生自訂目標，並激勵學生努力歷程，而非結果的觀念，頗能鼓勵學生努力；家長的話係請家長寫些子女的優良具體表現，給予子女增強；教師的話雖為綜合評語，但仍要求教師多予學生鼓勵與增強。因此，生活課程應積極針對學生優點予以增強、鼓勵，對學生缺點以提出具體努力改善的建議來取代批評指責或謾罵。

　　以往教師通常訂定統一「客觀」標準解釋學生評量結果，此種客觀建基於「齊頭式平等」並非真正客觀，唯有在解釋時納入少數族群或弱勢團體的基本限制，考量其起點行為與努力歷程，方能真正落實「立足點平等」的客觀解釋，此「立足點平等」乃對人性關懷、肯定人類能力個別差異的事實（李坤崇，1999）。有些教師解釋評量結果時，偏向悲觀化、負向化、責備化，使得學生遭受甚多挫折，因此，生活課程評量之結果解釋宜人性化、增強化。教師解釋生活課程評量結果時，可從下列幾項努力：(1)多鼓勵、多支持：少數教師未看學生從零分開始的努力歷程，僅指責學生未滿一百分的部分，致學生飽嘗挫折與責備，故教師宜予學生應有的掌聲、鼓勵與支持；(2)提供評分標準、範例：多元化評量遭人詬病最深者為評分主觀，教師若能於設計生活課程評量工具時，輔以評分標準與範例，將能降低評量的主觀性；(3)評分重視評量歷程，莫只看評量結果：有些教師以全有或全無的方式記分，雖然節省閱卷時間，卻未給予學生應得的部分分數，基於分數是學生信心的來源，教師評量生活課程學習成效應重視評量歷程；(4)善用報告或作品發表、展示，以增強學生：有些學生拙於紙筆測驗，卻善於口頭回答、蒐集、整理與製作作品，若評量改採作品發表、展示或口頭報告、發表等方式，將能激發成就感，增加學習興趣；(5)欣賞富創造力的答案，莫以標準抹煞：學生偶而會出現頗具創造力之答案，然若教師以既定標準評分而不給分，當壓抑學生創造力，教師評分若發現具創造性或爭議性之答案，宜審慎思維或請學生詳細說明，再決定給分多少，方能激發學生創造力；(6)結果為教學的起點，而非終點：極少數教師將評量結果視為竹筍炒肉絲的終點，而未施予補救教學，乃誤將評量視為教學終點；「評量結果乃補救教學起點，非責罵訓誡終點」，優秀教師認為於補救教學前，會先同理學生考試不理想的悲傷心情，再激勵其奮發圖強，後施以適切之補救教學（李坤崇，1999）。

三、著重呈現意願態度、技能表現、努力與進步狀況

　　呈現生活課程評量結果不應限於知識理解的認知結果，應兼顧技能表現、意願態度、思考批判的結果，以往評量結果著重低層次認知的知識理解，忽略高層次的思考批判，亦引導學生、家長忽視高層次的認知學習。生活課程欲發揮增強學生自主學習、活用知識能力，善用合作學習增進互助合作，強化師生參與與互動的功能，不僅宜強調技能表現、意願態度的學習，菁英將此兩項學習成果呈現於評量結果。高浦勝義（1998）設計教師評量「綜合學習」學習成果的評量單中，評量學生的「關心、意願、態度」，「思考、表現」、「注意」三項內涵，並評量其他內涵。

　　生活課程呈現評量結果宜多元化、全人化。教師呈現評量結果應兼採自我比較、常模參照或標準參照之多元方式。呈現之結果不應過於籠統應力求具體明確。

運用多元智慧的課程與教學：以生活課程為例

第四章　　多元智慧生活課程之教學與評量實例

運用多元智慧的課程與教學：以生活課程為例

在課程的安排與設計上，採學生取向的課程設計，其中除了將多元智慧理論融入課程中外，又廣泛地採用小組合作學習、戲劇教學及小部分的學徒制，充分掌握自主學習的理念，尊重學生的個別差異，以期能提高學生的學習成效，評量的安排方式亦傾向於多元化，過程中充分掌握專業多元、形式多元、人員多元、情境多元、時機多元、內容多元、過程多元、結果多元、呈現多元等多元評量的特質。

本章乃就運用多元智慧於生活課程的部分主題單元設計提出單元學習活動之課程設計，這些課程設計配合一年級上學期學生的進度與作息，以下即分述之。

第一節 校園 DIY

壹、能力指標

1-1-1 辨識地點、位置、方向，並能製作或運用模型代表實物。

1-1-2 描述住家與學校附近的環境。

4-2-1 藉由生活的經驗與體認，運用視覺藝術創作的形式，表現自己的感受和想法。

5-2-6 培養觀賞藝術活動時，應有的秩序。

9-3-5 學習安排工作的步驟。

9-3-8 學習安排工作，有條理的工作。

9-3-9 學習操作各種簡單機械與用品。

貳、單元目標與教學策略

目標	能力指標	活動名稱	教學策略	多元智慧	授課節數	備註
一、能說出學校各處室或場所的位置與功用，及其心中對它的感受 二、能在團體中分工合作，並按照小組討論安排的工作步驟工作 三、能將自己心中的感覺用圖形或顏色表達出來 四、能操作安全剪刀與尺 五、能利用模型來代表實物 六、能在群眾的面前，發表自己的看法	1-1-1 辨識地點、位置、方向，並能製作或運用模型代表實物 1-1-2 描述住家與學校附近的環境 4-2-1 藉由生活的經驗與體認，運用視覺藝術創作的形式，表現自己的感受和想法 5-2-6 培養觀賞藝術活動時，應有的秩序 9-3-5 學習安排工作的步驟 9-3-8 學習安排工作，有條理的工作 9-3-9 學習操作各種簡單機械與用品	校園DIY	小組討論合作學習	語文、邏輯─數學、視覺─空間肢體─動覺、人際、內省、自然觀察者	七節	

教室資源或材料：繪畫用具、剪刀、西卡紙。

參、多元智慧課程矩陣圖學習活動

語文： ◎在小組討論中，透過語言來表達 ◎將完成的地圖，清楚地說明給大家聽	邏輯─數學： ◎將圖卡正確地組合在小白板上
視覺─空間： ◎將心中想到的圖形，具體表現出來	肢體─動覺： ◎操作簡單的機械或用具
音樂： （無）	人際： ◎在小組中與他人互動及用自己的看法說服別人
內省： ◎將自己對各處室的感覺，用顏色或圖形表現出來 ◎能回答其他同學所提出的問題	自然觀察者： ◎將觀察到各處室的相對位置，呈現在小白板上

肆、課程或單元步驟

目標	學習活動	支援活動 （全班分成六組，每組 3-4 人）	時間	資料或評量
1、2	**1.分組討論** 請學生討論一個月以來，到過學校哪些地方或單位，去做什麼事？	☞準備學生參與討論的「行為檢核表」 ☞留意學生在各組的表現，是否有學生不參與討論 ☞討論後，各小組彙整資料，再分配每個人所負責的地點 ☞小組討論或工作時，請學生留意交談的聲音，不要干擾到其他班級	40分	☆小組討論行為檢核表
3、4	**2.分組實作** 請學生思考最能代表這一個地方的動物、植物、物品或顏色，並將到過的地方製作成圖卡	☞請各組學生準備製作圖卡用具 ☞準備軟性磁鐵，讓學生貼於圖卡背後 ☞指導學生使用簡單的機械與物品（剪刀、尺、膠水） ☞教師留意各組學生的工作情形	80分	☆「留下足跡」學習單
5	**3.組合圖卡** 各組將完成的圖卡組合成簡單的地圖模型	☞只要初略的相關位置，正確表現出來即可 ☞請學生準備製作的圖卡的意義及所代表處室的功用的說明	80分	☆作品評量
6	**4.團體發表分享** 請各組將所製作的成品與全班同學分享	☞各組學生上台說明時，教師宜引導學生注意聽講該有的禮節 ☞小組發表完後，鼓勵下面的學生提出問題，並可針對地圖指出有疑問的地方，由報告小組負責回答 ☞報告重點宜包含： 　(1)解釋小組所製成的地圖 　(2)所製作圖卡所代表的意義 　(3)圖卡代表的處室有何功用 ☞統整學生的報告，將所有的資料統整成一張概念圖，布置在教室裡	80分	☆觀賞表演的行為檢核表 ☆發表過程的表現評量

伍、補救教學

　　此次活動因對音樂智慧為強勢智慧的學生較不公平，故所規畫的補救教學可將各處室的功能及意義可搭配圖形，在分組報告時，以押韻或歌曲的方式加以表現。

陸、學習評量單

　　請見下頁起。

討論高手行為檢核表

一年級＿＿＿＿班　座號：＿＿＿＿　姓名：＿＿＿＿＿＿

各位小朋友：

討論應遵守下列的規則， 請你在每次討論後， 自己問自己一下我在每條規則做到的情形？ 請針對這次討論的每個項目， 「已經做到」 的就在「自評」 下面的「□」 內打「✓」。

項目	日期： 時間：		日期： 時間：	
	自評	複評	自評	複評
1.我說話前會先舉手	□	□	□	□
2.我會認真參加討論	□	□	□	□
3.我會專心聽別人發表意見， 並記下重要的地方	□	□	□	□
4.我在大家的面前會勇敢地說出自己的看法	□	□	□	□
5.別人在發表意見時， 我會先等他說完， 再說自己的意見， 而不會在中間打斷	□	□	□	□
6.當別人對我的意見有問題時， 我可以清楚地說明自己的看法	□	□	□	□
7.我不會用一些不對的方法， 要求其他同學服從我的意見	□	□	□	□
8.當班上所決定的事情和我的意見不一樣時， 我也會接受並遵守它	□	□	□	□
9.我不會因同學在討論和我意見不一樣， 而在下課後去找他算帳	□	□	□	□
10.我不會因為好朋友和我的意見不一樣， 以後就再也不理他	□	□	□	□

註：1.複評部分若為分組討論，複評者為小組長，若全班討論，
　　複評者為教師。
　　2.此學習評量單可長期使用。

留下足跡

一年級 ＿＿＿ 班　座號： ＿＿＿　姓名： ＿＿＿＿＿＿＿＿

親愛的小朋友：

你進來學校好幾個星期了，你到過學校哪些地方呢？你可以回憶一下，也可以把你心中想到的畫出來，請你運用下面教你的步驟，來完成你的工作。

一、準備材料：
    1. 西卡紙一張（四開）
    2. 蠟筆、彩色筆或色鉛筆
    3. 雙面膠
    4. 剪刀

二、將自己所負責的地點，想一想一個最能代表它的動、植物、物品或顏色。

三、將準備的西卡紙剪成圓形、正方形、長方形、三角形或不規則的形狀。

四、在所剪的西卡紙上，畫上自己想到最能代表它的動、植物、物品或顏色。

五、注意事項：
    小朋友使用剪刀時，請你要很小心，遇到困難可請小組長或老師幫忙。

六、自己的表現

	可以完成圖卡	學會使用剪刀、尺	很努力學習
自己看			
小組長看			
老師看			

校園 DIY 小組評量表

小組成員

一、作品評量

項　目	評量	項　目	評量
1.相關位置正確性		3.作品內容的完整性	
2.小組合作默契		4.作品呈現的創意	

二、發表過程的表現

項　目	評量	項　目	評量
1.說話清晰、易懂		4.合作參與	
2.組織完整，能掌握報告重點		5.表現有創意	
3.內容豐富		6.清楚回答問題	

觀賞表演或聆聽發表行為檢核表

一年級＿＿＿＿班　座號：＿＿＿＿　姓名：＿＿＿＿＿＿＿＿＿

各位小朋友：

在觀賞表演應該表現你應有的風度哦！下列的規則，是你在觀賞別人表演應該注意的，請你在每次看完表演後，自己問自己一下我在每條規則做到的情形？請針對這次討論的每個項目，「已經做到」的就在「自評」下面的「□」內打「✓」。

項目	日期： 時間：		日期： 時間：	
	自評	複評	自評	複評
1. 我看別人表演時，能專心	□	□	□	□
2. 我會給在台上表演的人掌聲	□	□	□	□
3. 我會針對表演，提出自己的看法	□	□	□	□
4. 我會在表演會場遵守秩序	□	□	□	□
5. 別人在表演中，我不會到處走動，影響表演者	□	□	□	□
6. 對別人的發表內容有意見時，會舉手發言	□	□	□	□
7. 別人在表演或發表，我不會故意打斷	□	□	□	□
	□	□	□	□
	□	□	□	□
	□	□	□	□

第二節 大樹下

壹、能力指標

4-2-1 藉由生活的經驗與體認，運用視覺藝術創作的形式，表現自己的感受或想法。

4-2-5 藉由語言、肢體動作、模仿音樂情境等方式，表現自己對樂曲的感受。

5-2-4 透過演唱和欣賞兒歌、童謠，培養愛好音樂的態度。

5-2-6 培養觀賞藝術活動時，應有的秩序。

7-3-1 運用五官觀察物體的特徵（如顏色、敲擊聲、氣味、輕重……）。

7-3-4 比較一些圖或實物中，辨識相異處，說出共同處（如兩棵樹雖大小不同，但同屬一種）。

8-3-3 選定某一類植物和動物作持續性的觀察、描繪。察覺植物會成長，知道植物各有特徵，可資辨認。

9-3-1 能把自己所觀察到的現象說出來。

9-3-3 察覺自己對很多事物也有自己的想法，他們可能也很管用。

貳、單元目標與教學策略

目標	能力指標	活動名稱	教學策略	多元智慧	授課節數	備註
一、能運用五官觀察四周植物的差異 二、能知道校園植物葉片的特徵 三、能運用想像力來創作圖畫 四、能具體給予同學回饋 五、能將自己的感受以文字或圖畫表現出來 六、能隨著音樂的節奏，來活動身體	4-2-1　藉由生活的經驗與體認，運用視覺藝術創作的形式，表現自己的感受或想法 4-2-5　藉由語言、肢體動作、模仿音樂情境等方式，表現自己對樂曲的感受 5-2-4　透過演唱和欣賞兒歌、童謠，培養愛好音樂的態度 5-2-6　培養觀賞藝術活動時，應有的秩序 7-3-1　運用五官觀察物體的特徵（如顏色、敲擊聲、氣味、輕重……） 7-3-4　比較一些圖或實物中，辨識相異處，說出共同處（如兩棵樹雖大小不同，但同屬一種） 8-3-3　選定某一類植物和動物作持續性的觀察、描繪。察覺植物會成長，知道植物各有特徵，可資辨認 9-3-1　能把自己所觀察到的現象說出來 9-3-3　察覺自己對很多事物也有自己的想法，他們可能也很管用	大樹下	遊戲、繪畫、舞蹈、小組討論、觀察、合作學習	語文、邏輯－數學、視覺－空間肢體－動覺、音樂、人際、內省、自然觀察者		

教室資源或材料：繪畫用具、錄音機、音樂帶。

參、多元智慧課程矩陣圖學習活動

語文： ◎利用文字表達心中的感受 ◎用口語表達自己內心感受	邏輯－數學： ◎比較三種不同植物的異同
視覺－空間： ◎葉子創意畫	肢體－動覺： ◎讓身體隨著樂曲律動
音樂： ◎學習簡單的童謠 ◎習慣隨著音樂，自然地產生動作	人際： ◎與他人合作，進行遊戲
內省： ◎分享與比較自己與其他同學作品的差異 ◎作品發表與回饋 ◎小組分享 ◎表達自己內心感受	自然觀察者： ◎觀察或比較三種植物間的異同 ◎為葉子找家

🏃 肆、課程或單元步驟

目標	學習活動	支援活動 （全班分成九組，每組 3-4 人）	時間	資料或評量
1、2	1.歌曲教唱與遊戲 帶學生至樹下，進行「倫敦鐵橋垮下來」的歌曲教唱，及做遊戲 2.觀察植物 請學生利用五官觀察遊戲四周的植物間有何不同？ 3.小組分享 請同學將自己觀察到的資料與同組同學分享	☞遊戲進行前，先引起動機，並提醒學生遊戲時，應遵守的規則與秩序 ☞確認學生有八成會唱「倫敦鐵橋垮下來」後，再進行遊戲 ☞可全班一起玩，或分成二組玩，遊戲過程中，宜留意學生的安全 ☞遊戲進行完，請學生觀察四周的植物，請每位同學找三種植物，比較之間的異同 ☞小組分享過程中，老師可透過小組分享觀察小組的互動	120 分	☆「校園小偵探」學習單
2	4.為葉子找家 以組為單位，辨認葉子所屬的植物名稱及依其形狀與顏色予以分類 5.全班成果分享 請將各組所完成的學習單，利用下課時間，作全體展示	☞事先蒐集數種校園內的葉子，以供教學使用 ☞學生尋找植物時，可伺機介紹校園中有毒的植物 ☞學生到校園活動請提醒他安全與秩序問題	80 分	☆「為葉子找家」學習單（一份兩張）
3、4	6.樹葉創意畫 運用想像力，以樹葉為主體來作畫 7.作品發表與回饋 將完成的作品展示出來，每位同學挑選出最喜歡的作品兩份及組內同學的作品，給予回饋	☞準備印泥或廣告原料，並先指導學生如何運用印泥及廣告原料來為葉子做拓印 ☞準備圖畫紙或 A4 的紙 ☞發給每位同學五張立貼，以供書寫回饋之用	120 分	☆「天才小畫家」學習單 ☆「掌聲響起」學習單

5	8.幻遊 請學生到大樹下陰涼的地方,閉上眼睛(五分鐘),盡力去聽或感受周遭的聲音,及此刻心裡面所想到、看到的東西。張開眼睛後,學生可將閉上眼睛時,所感受到的用文字或圖畫表達出來 9.小組分享 學生將作品帶到小組,與同組的同學分享	☞學生閉眼感受時,留意學生的表現,盡量採放鬆、安靜,但不嬉鬧的態度進行 ☞寫字或畫畫時,可選擇在教室或大樹下進行 ☞過程中,引導學生盡量將體會到的感覺用畫畫或文字表達出來 ☞教師留意學生的工作情形,適度提供協助 ☞提醒學生可以用顏色來代表自己的感受 ☞提醒學生注意聽講該注意的禮節	80分	☆「我的感覺」學習單 ☆「觀賞表演或發表行為檢核表」
6	10.我是一棵…… 準備錄音帶或 CD,放給學生聽,讓學生熟悉旋律 請學生隨著音樂做出動作 請學生假想若自己是校園中,自己最喜歡的植物,在此音樂下會有何種動作 11.感覺分享 利用十分鐘的時間進行活動感覺分享	☞所用的音樂節奏較明確者為佳,配合學生的程度,旋律不宜太複雜 ☞學生只要隨著旋律擺動身體即可 ☞增強學生的創意動作,以激發學生的創造思考與音樂的感受度 ☞活動進行中,可穿插遊戲,以增加學生的學習動機。例如:利用音樂的中斷,讓同學做動作的模仿 ☞可利用下課前十分鐘進行學生感覺分享,學生可在小組或全班分享這次活動的感覺與其他意見	80分	☆「討論高手行為檢核表」 ☆「快樂的音符」

伍、學習評量單

請見下頁起。

校園小偵探

一年級 ＿＿＿＿ 班　座號：＿＿＿＿　姓名：＿＿＿＿＿＿＿＿＿＿

小朋友，為了讓你像柯南一樣厲害，可以觀察到很多東西，請你在遊戲的四周找尋三種植物，並比較它們下列的特徵有何不同？

植物的名稱	摸起來的感覺	聞起來的味道	形狀（高、矮、胖、瘦）	外表（花或葉子的顏色）
1.				
2.				
3.				

評量	確實比較	認真參與分享	完成此學習單
小組長			
教師			

「為葉子找家」小組學習引導單

小組成員

各位同學, 為了讓你們小組的葉子順利找到家, 請你們依照下面的指示, 來完成此項超級任務。

一、請各組的同學利用十分鐘的時間, 在校園中, 為你們所分配到的葉子找到家, 找到家後, 請你記錄下它的植物名稱及在學校的什麼地方(寫字或畫圖都可以) 。 若不知道植物名稱, 可請教老師或同學。

二、請你們再利用十分鐘的時間, 在校園中, 找出與它形狀與顏色相同各三種植物的葉子, 並將它們貼在學習單上。

三、我們的表現

項目	評量	項目	評量
1.植物名稱的正確性		4.小組合作默契	
2.所找相同形狀葉子的正確性		5.小組工作時的秩序表現	
3.所找相同顏色葉子的正確性		6.清楚回答問題	

「為葉子找家」小組學習引導單

植物名稱	
在學校的地方	
我們所負責的葉子	請將你們所負責的葉子貼於此處

形狀相同的葉子		

顏色相同的葉子		

天才小畫家

一年級_____班　座號：_____　姓名：_____

小朋友，　請你利用你所蒐集到的葉子，　塗上顏料或印泥，　印在下面空白的地方，　並發揮你的想像力來完成這一張畫。

評量	完成度	創意	參與度
教師			

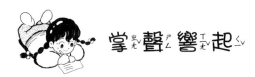
掌聲響起

一一年{{ㄋㄧㄢˊ}}級{{ㄐㄧˊ}}＿＿＿班{{ㄅㄢ}}　座{{ㄗㄨㄛˋ}}號{{ㄏㄠˋ}}：＿＿＿　姓{{ㄒㄧㄥˋ}}名{{ㄇㄧㄥˊ}}：＿＿＿＿＿＿＿＿

小{{ㄒㄧㄠˇ}}朋{{ㄆㄥˊ}}友{{ㄧㄡˇ}}，同{{ㄊㄨㄥˊ}}學{{ㄒㄩㄝˊ}}們{{ㄇㄣˊ}}將{{ㄐㄧㄤ}}對{{ㄉㄨㄟˋ}}你{{ㄋㄧˇ}}作{{ㄗㄨㄛˋ}}品{{ㄆㄧㄣˇ}}的{{ㄉㄜ˙}}意{{ㄧˋ}}見{{ㄐㄧㄢˋ}}表{{ㄅㄧㄠˇ}}達{{ㄉㄚˊ}}給{{ㄍㄟˇ}}你{{ㄋㄧˇ}}，為{{ㄨㄟˋ}}了{{ㄌㄜ˙}}保{{ㄅㄠˇ}}存{{ㄘㄨㄣˊ}}大{{ㄉㄚˋ}}家{{ㄐㄧㄚ}}對{{ㄉㄨㄟˋ}}你{{ㄋㄧˇ}}的{{ㄉㄜ˙}}期{{ㄑㄧˊ}}待{{ㄉㄞˋ}}，請{{ㄑㄧㄥˇ}}將{{ㄐㄧㄤ}}大{{ㄉㄚˋ}}家{{ㄐㄧㄚ}}給{{ㄍㄟˇ}}你{{ㄋㄧˇ}}的{{ㄉㄜ˙}}意{{ㄧˋ}}見{{ㄐㄧㄢˋ}}與{{ㄩˇ}}愛{{ㄞˋ}}貼{{ㄊㄧㄝ}}於{{ㄩˊ}}下{{ㄒㄧㄚˋ}}面{{ㄇㄧㄢˋ}}空{{ㄎㄨㄥ}}白{{ㄅㄞˊ}}的{{ㄉㄜ˙}}地{{ㄉㄧˋ}}方{{ㄈㄤ}}，讓{{ㄖㄤˋ}}它{{ㄊㄚ}}陪{{ㄆㄟˊ}}你{{ㄋㄧˇ}}成{{ㄔㄥˊ}}長{{ㄓㄤˇ}}。

（正{{ㄓㄥˋ}}面{{ㄇㄧㄢˋ}}若{{ㄖㄨㄛˋ}}貼{{ㄊㄧㄝ}}不{{ㄅㄨˋ}}夠{{ㄍㄡˋ}}，可{{ㄎㄜˇ}}貼{{ㄊㄧㄝ}}於{{ㄩˊ}}背{{ㄅㄟˋ}}面{{ㄇㄧㄢˋ}}）

我的感覺

一年級_____班　座號：_____　姓名：_____

小朋友，你在大樹下閉上眼睛，心裡面聽到了或看到了什麼呢？請你用圖畫或文字把它表現出來。

我的感受

項目	評量
參與活動時態度	
能將心中的感受表達出來	

快樂的音符

一年級 _____ 班　　座號：_____　　姓名：_____

小朋友，你對你所聽到的音樂，喜不喜歡呢？ 請你用你的身體將下面情況中你的感覺表現出來。

一、你聽到音樂的感覺， 用你的身體動作表現出來。

二、如果你是校園裡的一棵樹， 想像風吹過來， 你的身體隨著音樂會有什麼動作， 請你表現出來。

三、做完了這次活動， 你有什麼感想或意見， 你可以先在下面空白處記錄一下， 在小組或全班中說出來。

項目	評量	項目	評量
1.對音樂的敏感度		4.參與活動的態度	
2.在大家面前表演的自然表現		5.參與活動時， 遵守團體規則	
3.動作的創意			

第三節 動物大會串

壹、能力指標

4-2-5 藉由語言、肢體動作、模仿音樂情境等方式，表現自己對樂曲的感受。

5-2-4 透過演唱和欣賞兒歌、童謠，培養愛好音樂的態度。

5-2-6 培養觀賞藝術活動時，應有的秩序。

7-3-1 運用五官觀察物體的特徵（如顏色、敲擊聲、氣味、輕重……）。

7-3-3 依特徵或屬性，將事物歸類（如大小、明暗……）。

7-3-4 比較一些圖或實物，辨識相異處，說出共同處（如兩棵樹雖大小不同，但同屬一種）。

8-3-3 選定某一類植物或動物作持續性的觀察、描繪。察覺植物會成長，知道植物各有特徵可資辨認。

8-3-5 覺察動物如何覓食、吃什麼、做什麼運動，成長時身體的形狀改變等。

9-3-1 能將自己所觀察到的現象說出來。

貳、單元目標與教學策略

目標	能力指標	活動名稱	教學策略	多元智慧	授課節數	備註
一、能唱出「蝴蝶真美麗」兒歌 二、能模仿所熟悉動物的聲音或動作 三、能說出有翅膀的小動物、會飛的小動物；並知道有翅膀並不一定會飛 四、能藉由觀察或蒐集資料了解各種動物的特性，並加以分類 五、能針對一種動物作有系統的觀察或蒐集資料 六、能在群眾的面前，發表自己的觀察 七、能將自己所蒐集的資料與同學分享 八、能將動物的外型加上自己創意用黏土表現出來	4-2-5 藉由語言、肢體動作、模仿音樂情境等方式，表現自己對樂曲的感受 5-2-4 透過演唱和欣賞兒歌、童謠，培養愛好音樂的態度 5-2-6 培養觀賞藝術活動時，應有的秩序 7-3-1 運用五官觀察物體的特徵（如顏色、敲擊聲、氣味、輕重……） 7-3-3 依特徵或屬性，將事物歸類（如大小、明暗……） 7-3-4 比較一些圖或實物，辨識相異處，說出共同處（如兩棵樹雖大小不同，但同屬一種） 8-3-3 選定某一類植物或動物作持續性的觀察、描繪。察覺植物會成長，知道植物各有特徵可資辨認 8-3-5 覺察動物如何覓食、吃什麼、做什麼運動，成長時身體的形狀改變等 9-3-1 能將自己所觀察到的現象說出來	動物大會串	模仿、觀察、雕塑、蒐集資料	語文、邏輯一數學、視覺一空間肢體一動覺、人際、內省、自然觀察者	十四節	

教室資源或材料：布置一個水族箱、小動物的圖片、黏土。

參、多元智慧課程矩陣圖學習活動

語文： ◎利用文字或口語表現自己心中的想法	邏輯－數學： ◎找出會飛的動物 ◎能依動物的某些特性加以分類
視覺－空間： ◎利用黏土創造出某種動物的形狀	肢體－動覺： ◎模仿動物的動作
音樂： ◎學習簡單的童謠 ◎模仿動物的聲音	人際： ◎欣賞別人的作品並給予回饋
內省： ◎思考有些動物為什麼有翅膀卻不會飛？	自然觀察者： ◎找出會飛的動物 ◎依動物的某些特性加以分類 ◎對某一種動物作較持續及系統性的觀察

肆、課程或單元步驟

目標	學習活動	支援活動	時間	資料或評量
		全班分成九組，每組三至四人 教室布置魚缸，讓學生可觀察魚的動作與習性		
1、2	**1.歌曲教唱** 進行「蝴蝶真美麗」的歌曲教唱與動作的創作 **2.動物模仿秀** 學生找到一種自己最熟悉的動物或昆蟲來練習模仿他的聲音或動作 **3.小組內表演** 將自己所模仿的聲音或動作與同組同學分享	☞確認學生有八成會唱「蝴蝶真美麗」 ☞進行歌曲動作的創作 ☞動作創作時，宜請學生表演自己心中的蝴蝶 ☞進行動物模仿秀時，同學可自行找到一種自己所熟悉或喜歡的小動物來模仿其聲音或動作 ☞小組分享過程中，老師可透過小組分享觀察小組的互動	120分	☆「觀賞表演或聆聽發表行為檢核表」
3、6	**4.飛的動物大搜尋** 學生完成學習單 **5.小組發表** 小組將學習單討論的內容在班上發表	☞準備有關動物的相關圖片 ☞引導學生在小組討論： 　1.有翅膀的小動物有哪些？ 　2.會飛的小動物有哪些？ 　3.有翅膀就一定可以飛嗎？ 　4.哪些小動物有翅膀但不能飛呢？ ☞小組發表時，宜視學生報告內容，適時提出問題，引導學生思考	120分	☆「我是隻小小鳥」學習單
4	**6.動物小寶寶** 學生觀察自己生活中會遇到的小動物，並依其特性加以分類	☞引導學生在小組討論： 　1.有哪些小動物是下蛋的？ 　2.有哪些小動物是直接生出小寶寶的？ 　3.有哪一些小動物可以生活在水裡？ 　4.有哪些小動物可以會游泳？ 　5.小動物長大後，有沒有什麼改變？ ☞引導學生察覺各類動物的共同特徵，但不宜直接教導 ☞將學生所討論的內容彙整成一個概念圖	80分	☆「討論高手行為檢核表」

5、6、7	7.動物觀察家 學生能針對一種動物提出一份身分報告到小組分享，其他內涵應包含： (1)動物的名稱 (2)它的寶寶是蛋或是看得到的寶寶？ (3)小動物的圖片？ (4)它會不會游泳？ (5)有沒有翅膀？會不會飛？ (6)都吃什麼東西？	☞提供資料給學生參考 ☞引導學生完成學習單 ☞適時提供必要的協助	160分	☆「寶貝動物」學習單
8	8.動物模型 利用紙黏土為學生最喜歡的小動物捏製模型 作品完成後，與組內同學分享 課餘時間與全班同學分享	☞準備紙黏土 ☞鼓勵學生將心中認為的某種動物該有的外形利用紙黏土表現出來 ☞過程中留意表現有困難的學生，並予以引導 ☞過程中盡量鼓勵學生創意表現 ☞利用課餘時間，展示學生作品，請同學相互給回饋	120分	☆「動物寫真」學習單

學習評量單

請見下頁起。

我ㄨㄛˇ是ㄕˋ隻ㄓ小ㄒㄧㄠˇ小ㄒㄧㄠˇ鳥ㄋㄧㄠˇ

一ㄧ年ㄋㄧㄢˊ級ㄐㄧˊ＿＿＿班ㄅㄢ　座ㄗㄨㄛˋ號ㄏㄠˋ：＿＿＿＿　姓ㄒㄧㄥˋ名ㄇㄧㄥˊ：＿＿＿＿＿＿＿＿

小ㄒㄧㄠˇ朋ㄆㄥˊ友ㄧㄡˇ，你ㄋㄧˇ的ㄉㄜ身ㄕㄣ邊ㄅㄧㄢ有ㄧㄡˇ很ㄏㄣˇ多ㄉㄨㄛ有ㄧㄡˇ翅ㄔˋ膀ㄅㄤˇ的ㄉㄜ小ㄒㄧㄠˇ動ㄉㄨㄥˋ物ㄨˋ，你ㄋㄧˇ知ㄓ道ㄉㄠˋ嗎ㄇㄚ？請ㄑㄧㄥˇ你ㄋㄧˇ一ㄧ隻ㄓ一ㄧ隻ㄓ的ㄉㄜ把ㄅㄚˇ牠ㄊㄚ找ㄓㄠˇ出ㄔㄨ來ㄌㄞˊ，並ㄅㄧㄥˋ讓ㄖㄤˋ小ㄒㄧㄠˇ組ㄗㄨˇ的ㄉㄜ同ㄊㄨㄥˊ學ㄒㄩㄝˊ知ㄓ道ㄉㄠˋ你ㄋㄧˇ找ㄓㄠˇ到ㄉㄠˋ了ㄌㄜ多ㄉㄨㄛ少ㄕㄠˇ，你ㄋㄧˇ可ㄎㄜˇ以ㄧˇ將ㄐㄧㄤ找ㄓㄠˇ到ㄉㄠˋ的ㄉㄜ小ㄒㄧㄠˇ動ㄉㄨㄥˋ物ㄨˋ填ㄊㄧㄢˊ在ㄗㄞˋ下ㄒㄧㄚˋ面ㄇㄧㄢˋ的ㄉㄜ學ㄒㄩㄝˊ習ㄒㄧˊ單ㄉㄢ中ㄓㄨㄥ，並ㄅㄧㄥˋ把ㄅㄚˇ牠ㄊㄚ們ㄇㄣ分ㄈㄣ一ㄧ分ㄈㄣ？

有ㄧㄡˇ翅ㄔˋ膀ㄅㄤˇ的ㄉㄜ小ㄒㄧㄠˇ動ㄉㄨㄥˋ物ㄨˋ	
會ㄏㄨㄟˋ飛ㄈㄟ的ㄉㄜ小ㄒㄧㄠˇ動ㄉㄨㄥˋ物ㄨˋ	
有ㄧㄡˇ翅ㄔˋ膀ㄅㄤˇ但ㄉㄢˋ不ㄅㄨˋ會ㄏㄨㄟˋ飛ㄈㄟ的ㄉㄜ小ㄒㄧㄠˇ動ㄉㄨㄥˋ物ㄨˋ	

評ㄆㄧㄥˊ量ㄌㄧㄤˋ	內ㄋㄟˋ容ㄖㄨㄥˊ正ㄓㄥˋ確ㄑㄩㄝˋ	認ㄖㄣˋ真ㄓㄣ參ㄘㄢ與ㄩˇ討ㄊㄠˇ論ㄌㄨㄣˋ	小ㄒㄧㄠˇ組ㄗㄨˇ發ㄈㄚ表ㄅㄧㄠˇ的ㄉㄜ表ㄅㄧㄠˇ現ㄒㄧㄢˋ
小ㄒㄧㄠˇ組ㄗㄨˇ長ㄓㄤˇ			
教ㄐㄧㄠˋ師ㄕ			

寶貝動物檔案

一年級＿＿＿班　座號：＿＿＿　姓名：＿＿＿＿＿＿＿＿＿＿

　　小朋友，你的身邊有很多可愛的小動物，請你挑選一種你最喜歡的小動物，整理出有關牠的一切事情來和同學分享。下列有一張你的寶貝（最喜歡的小動物）基本表格，請你將有關寶貝動物的資料放在這張表格的後面，並填好表格，與你小組的同學或好朋友分享。

　　請你依下列的指示，完成這項工作。

一、基本資料表

小動物名稱			
小動物有沒有下蛋？			
小動物的特徵（若有右列特徵者，請在□打「✓」）	□翅膀	□游泳	□羽毛
	□飛		

二、找尋與你的小寶貝有關的圖片、相片或自己畫，利用 A4 的紙整理起來，放在這張學習單的後面。

三、找尋與你的小寶貝有關的資料，例如：牠愛吃的食物、喜歡的習慣、還有你和牠之間的關係等等，利用 A4 的紙把相關的資料剪貼或寫下來，並貼在圖片的後面。

四、把完成的資料，用夾子夾或訂書機訂起來。

評量	內容正確	資料豐富	認真學習	樂於與人分享
小組長				
教師				

動物寫真

一年　級 _____ 班　　座號： _____　　姓名： _____

小朋友， 找到你最喜歡的小動物了嗎？ 現在請你把你最喜歡的動物用麵團做出來來。 請你先練習基本的搓麵團方法， 再依照上一節課麵團師傅所教的及老師的說明來完成你的小寶貝。

一、基本搓麵團的方法
　　　1.圓形
　　　2.長條
　　　3.方形
　　　4.三角
　　　5.水滴

二、學會了基本方法， 請做出你喜歡的小動物。

三、完成了作品， 請為你的作品設計一張介紹卡， 裡面要有作品名稱， 及你的姓名。

評量	基本練習	作品完成度	創意	作品介紹卡	認真學習
小組長					
教師					

第四節 風精靈

壹、能力指標

4-2-7 利用藝術創作的方式，與他人配合不同之角色分工，以完成圖式、
歌唱、表演等方式所表現之團隊任務。

5-2-3 體驗大自然及周遭環境的聲音，並描述自己的感受。

5-2-5 對各類型的兒童表演活動產生興趣，並描述個人的想法。

5-2-6 培養觀賞藝術活動時，應有的秩序。

6-2-6 正確、安全、有效地使用道具，從事表演活動。

7-3-6 將對情境的多樣觀察，說出一個意義的事件（如風太大了葉子掉
滿地，木板被吹倒了⋯⋯）

7-3-7 察覺事出有因，且能感覺到有因果關係。

8-1-1 運用五官觀察自然現象，「察覺」各種自然現象的狀態與狀態變
化，用適當的語彙來「描述」所見所聞，運用現成的表格、圖表
來「表達」觀察的資料。

8-1-4 觀察現象的改變（如天氣變化、物體狀態的改變），察覺現象的
改變必有其原因。

8-1-5 各種不同的玩具，體會「力」有多種，力可使物體動起來，或使
物體振動發出聲音。

9-1-1 能依自己所看到的現象說出來。

9-1-3 察覺自己對很多事物也有自己的想法，它們可能也很管用。

9-1-4 養成動手做的習慣，察覺自己也可以處理很多事。

9-1-5 學習安排工作步驟。

9-1-6 學習如何分配工作，合作完成一件事。

9-1-7 喜歡探討。

9-1-8 學習安排工作，有條理的做事。

9-1-9 學習操作各種簡單機械與用品。

貳、單元目標與教學策略

目標	能力指標	活動名稱	教學策略	多元智慧	授課節數	備註
一、能積極參與討論，並能將討論的結果表現出來 二、能參與戲劇的創作，並在團體中與人分工合作 三、能了解戲劇形成的基本組成元素，並安排工作步驟，確實按步驟執行 四、能在團體中確實參與分工，並確實負起自己的責任 五、能發揮創意製造自己的捕風袋 六、能了解人在快速移動的時候，比較容易感受風的存在 七、能了解風移動速度的快慢就是風的大小 八、能舉出風力的玩具，並能說明其簡單的原理 九、能動手做簡易的風車，並明瞭其中的原理，經過動手做後，能改良其缺點	4-2-7 利用藝術創作的方式，與他人配合不同之角色分工，以完成圖式、歌唱、表演等方式所表現之團隊任務 5-2-3 體驗大自然及周遭環境的聲音，並描述自己的感受 5-2-5 對各類型的兒童表演活動產生興趣，並描述個人的想法 5-2-6 培養觀賞藝術活動時，應有的秩序 6-2-6 正確、安全、有效地使用道具，從事表演活動 7-3-6 將對情境的多樣觀察，說出一個意義的事件（如風太大了葉子掉滿地，木板被吹倒了……） 7-3-7 察覺事出有因，且能感覺到有因果關係 8-1-1 運用五官觀察自然現象，「察覺」各種自然現象的狀態與狀態變化，用適當的語彙來「描述」所見所聞，運用現成的表格、圖表來「表達」觀察的資料 8-1-4 觀察現象的改變（如天氣變化、物體狀態的改變），察覺現象的改變必有其原因	風精靈	小組討論、戲劇、遊戲	語文、邏輯－數學、視覺－空間肢體－動覺、音樂、人際、內省、自然觀察者	二十八節	

十、能了解如何製作風鈴，及所需材料所應具有的特性 十一、能針對同學的作品給予具體的回饋 十二、能觀察出四季的不同現象，並能知道造成這些不一樣現象的原因 十三、能將自己心中對四季的感覺用圖畫表現出來 十四、觀賞表演時，能表現適當的行為	8-1-5 做各種不同的玩具，體會「力」有多種，力可使物體動起來，或使物體振動發出聲音 9-1-1 能依自己所看到的現象說出來 9-1-3 察覺自己對很多事物也有自己的想法，它們可能也很管用 9-1-4 養成動手做的習慣，察覺自己也可以處理很多事 9-1-5 學習安排工作步驟 9-1-6 學習如何分配工作，合作完成一件事 9-1-7 喜歡探討 9-1-8 學習安排工作，有條理的做事 9-1-9 學習操作各種簡單機械與用品					

教室資源或材料：中型垃圾袋、鉛筆、珠針、橡皮擦、色紙、雲彩紙。

參、多元智慧課程矩陣圖學習活動

語文： ◎能創作出有關風的劇本（風精靈劇場） ◎能大方地在公開場所，用口語表現劇本內容（風精靈劇場）	邏輯－數學： ◎了解如何感受風的存在，並知道如何抓住風（大家來找風精靈） ◎了解日常玩具如何利用風的簡單原理（風精靈陪我玩） ◎了解風車轉動的原理，並能歸納出如何讓風車轉得好（快樂的風車） ◎能判斷哪一些材料可以製作風鈴（頑皮的風精靈）
視覺－空間： ◎利用圖畫表達心中對四季的感受（四季大不同）	肢體－動覺： ◎能表演出風精靈走路的樣子（風精靈在哪裡） ◎製作捕風袋（大家來找風精靈） ◎製作風車（快樂的風車） ◎製作風鈴（頑皮的風精靈） ◎製作戲劇表演有關的道具（風精靈劇場）
音樂： ◎能感受風精靈的聲音（風精靈在哪裡）	人際： ◎與他人合作，進行表演（風精靈在哪裡、風精靈劇場）
內省： ◎能從觀摩別人的作品，來改良自己的作品，使自己的風車轉得好（快樂的風車） ◎能具體給予同學回饋（頑皮的風精靈）	自然觀察者： ◎能觀察出風精靈的存在（風精靈在哪裡） ◎能比較自己與別人作品的差異（快樂的風車） ◎觀察出四季的不同（四季大不同）

肆、課程或單元步驟

目標	學習活動	支援活動 （全班分成九組，每組 3-4 人）	時間	資料或評量
1	風精靈在哪裡？ 1.全班引導 舉例說明風兒在哪裡 2.小組討論 依照自己的生活經驗，討論在哪裡、或什麼情形下可以感受到風精靈的存在 3.小組發表 將小組所討論的內容在全班發表	☞引起動機 ☞提醒學生，在日常生活中哪裡可以感受得到風精靈 ☞學生依照下列題目進行小組討論 　1.在日常生活中，哪裡可以找到風精靈？ 　2.風精靈長得怎麼樣？（學生可以自己的想像力來表演一下） 　3.你覺得風精靈都如何走路？（學生可以自己的想像力來表演一下） 　4.你覺得風精靈都如何說話？（學生可以自己的想像力來表演一下）	80 分	☆「討論高手行為檢核表」
2、 3、4	風精靈劇場(1) 1.聽故事 聽故事，並與同學分享自己的意見與說一個自己聽過或看過有關風精靈的故事 2.小組討論劇情 小組討論該組想要表演的劇情與分配角色（此四節課可分開進行）	☞以一個有關風的故事，帶領學生進入擬人化的世界 ☞請學生說一說有關風精靈的故事 ☞學生發表故事，若有何不完整或中間發生困難處，宜立即與以協助 ☞聽完故事後，帶入表演一齣風精靈行動劇的主意 ☞每組大約八人 ☞劇情不要太複雜 ☞可提醒學生把每一個角色想要說的話寫下來 ☞亦可準備簡單的道具	40 分 160 分	

5、6	大家來找風精靈 1.全班討論 學生思考如何可以抓住風精靈 用什麼東西可以留住風精靈 2.製作捕風袋 學生利用自己的創意製作裝飾捕風袋 3.我們抓風去 至操場,用捕風袋抓住風精靈 4.小組分享 在小組中,展示自己的捕風袋 請學生分享自己的抓風經驗 分享自己所抓住的風精靈的長相	☞準備塑膠袋、彩帶、雙面膠、色紙、簽字筆 ☞討論時引導學生思考如何可以抓住風精靈 ☞利用什麼東西可以抓住風精靈 ☞所用的東西要擁有何種特性? ☞製作捕風袋過程中,請學生思考何種物品可以裝飾捕風袋 ☞宜引導出太重的物品,並不適合裝飾捕風袋 ☞鼓勵學生發揮自己的創意 ☞過程中,提醒學生遵守秩序與注意安全 ☞提醒學生比較在學生靜止或奔跑哪一種時候比較容易發現風精靈的存在 ☞請學生發表抓風的經驗 ☞引導學生發現: 1.風在快速移動時,會比較容易發現它的存在(可以電風扇舉例) 2.風的速度快慢會影響風的大小,亦會影響我們對風的感覺	40 分 40 分 40 分 40 分	☆「作品評量」
6、8	風精靈陪我玩 想一想自己的玩具中或生活經驗中哪一些是和風精靈有關的	☞過程中,宜讓學生了解,玩具利用風的原理	40 分	完成「請風陪我玩」學習單
7、8	快樂的風車 1.全班討論 討論自己曾經看過的各式各樣風車 2.風車製作 學生依自己的想法,完成風車製作 3.快樂的風車 將自己完成的風車,帶至空曠的地方,讓風車隨風轉動	☞準備製作風車會使用到的器材 ☞準備荷蘭大風車的圖片 ☞準備一個已完成的風車 ☞銜接上一節課「風精靈陪我玩」的內容,導引出要這種課的內容 ☞引導學生製作風車的基本步驟,過程中不宜有過多的限制,在學生需要幫忙的時候,再出手幫忙 ☞過程中引導學生,體會如何讓風車轉得快	20 分 60 分 20 分	☆「討論高手行為檢核表」

9	4.全班討論 上次活動中，誰的風車做的最好、轉得最快呢？ 如何讓風車轉得快轉得好？ 5.修正作品 改良自己風車的缺點	☞活動過程中，請學生注意安全與遵守規矩 ☞引導學生利用上次的經驗及與同學分享的結果改良自己風車的缺點	20分 40分	☆「討論高手行為檢核表」
10	頑皮的風精靈 1.全班討論 ⑴什麼東西撞在一起可發出聲音？ ⑵你覺得什麼東西發出來的聲音最好聽？ ⑶你要什麼材料來製作風鈴？ 2.飛揚的風鈴 將自己所帶來的材料，製作成風鈴 3.作品布置與評量 將完成的作品布置在教室中，與同學分享	☞準備現成的各式各樣的風鈴 ☞請學生事先準備製作風鈴的材料 ☞利用腦力激盪教學法，鼓勵學生思考什麼東西可用來製作風鈴 ☞引導學生思考所激盪出來的物品，哪一些真的可以用來做風鈴，哪一些不一定可行 ☞對於一些不可行的東西，可列舉出一些不可行的情境，引導學生思考 ☞配合「飛揚的風鈴」學習單 ☞學生製作風鈴期間，留意發生困難的學生，引導其解決困難 ☞事先準備一些製作風鈴的材料，以備忘記攜帶材料學生之用	40分 80分 80分	☆利用課餘時間進行學生相互評量回饋，並將回饋單蒐集至「飛揚的風鈴」學習單
12、 13	四季大不同 1.全班討論 四季有何不同 2.四季拼盤 針對上節所討論的結果，學生自己找一主題，利用貼畫，將四季的景象表現在盤中	☞可先以風精靈為例，討論風在四季有何不同的面向 ☞在以植物為例，討論植物在四季有何不同的生長情形 ☞再以學生自由發揮，討論四季的不同 ☞準備安全剪刀、色紙及膠水 ☞留意學生完成作品的狀況，對發生困難的學生，引導其解決問題	120分	☆「討論高手行為檢核表」 ☆「四季拼盤」作品評量表
14	風精靈劇場 風精靈劇場表演時間 各組表演	☞留意學生表演過程之秩序	160分	觀賞表演的行為檢核表

請ㄑㄧㄥˇ風ㄈㄥ陪ㄆㄟˊ我ㄨㄛˇ玩ㄨㄢˊ

一ㄧ年ㄋㄧㄢˊ級ㄐㄧˊ_____班ㄅㄢ　座ㄗㄨㄛˋ號ㄏㄠˋ：_____　　姓ㄒㄧㄥˋ名ㄇㄧㄥˊ：_____

小ㄒㄧㄠˇ朋ㄆㄥˊ友ㄧㄡˇ，你ㄋㄧˇ的ㄉㄜ˙許ㄒㄩˇ多ㄉㄨㄛ玩ㄨㄢˊ具ㄐㄩˋ中ㄓㄨㄥ，有ㄧㄡˇ很ㄏㄣˇ多ㄉㄨㄛ是ㄕˋ風ㄈㄥ精ㄐㄧㄥ靈ㄌㄧㄥˊ會ㄏㄨㄟˋ陪ㄆㄟˊ你ㄋㄧˇ一ㄧˋ起ㄑㄧˇ玩ㄨㄢˊ的ㄉㄜ˙，你ㄋㄧˇ可ㄎㄜˇ以ㄧˇ把ㄅㄚˇ它ㄊㄚ找ㄓㄠˇ出ㄔㄨ來ㄌㄞˊ嗎ㄇㄚ˙？請ㄑㄧㄥˇ你ㄋㄧˇ找ㄓㄠˇ出ㄔㄨ來ㄌㄞˊ以ㄧˇ後ㄏㄡˋ，記ㄐㄧˋ錄ㄌㄨˋ在ㄗㄞˋ下ㄒㄧㄚˋ列ㄌㄧㄝˋ學ㄒㄩㄝˊ習ㄒㄧˊ單ㄉㄢ上ㄕㄤˋ，和ㄏㄢˋ你ㄋㄧˇ的ㄉㄜ˙小ㄒㄧㄠˇ組ㄗㄨˇ成ㄔㄥˊ員ㄩㄢˊ分ㄈㄣ享ㄒㄧㄤˇ。

一ㄧ、請ㄑㄧㄥˇ你ㄋㄧˇ寫ㄒㄧㄝˇ出ㄔㄨ你ㄋㄧˇ的ㄉㄜ˙玩ㄨㄢˊ具ㄐㄩˋ中ㄓㄨㄥ，會ㄏㄨㄟˋ利ㄌㄧˋ用ㄩㄥˋ風ㄈㄥ的ㄉㄜ˙玩ㄨㄢˊ具ㄐㄩˋ，並ㄅㄧㄥˋ說ㄕㄨㄛ明ㄇㄧㄥˊ一ㄧˊ下ㄒㄧㄚˋ它ㄊㄚ如ㄖㄨˊ何ㄏㄜˊ利ㄌㄧˋ用ㄩㄥˋ風ㄈㄥ：

名ㄇㄧㄥˊ稱ㄔㄥ	如ㄖㄨˊ何ㄏㄜˊ利ㄌㄧˋ用ㄩㄥˋ風ㄈㄥ

二ㄦˋ、評ㄆㄧㄥˊ量ㄌㄧㄤˋ

㈠大ㄉㄚˋ家ㄐㄧㄚ來ㄌㄞˊ找ㄓㄠˇ風ㄈㄥ精ㄐㄧㄥ靈ㄌㄧㄥˊ

評ㄆㄧㄥˊ量ㄌㄧㄤˋ	作ㄗㄨㄛˋ品ㄆㄧㄣˇ創ㄔㄨㄤˋ意ㄧˋ	遵ㄗㄨㄣ守ㄕㄡˇ秩ㄓˋ序ㄒㄩˋ	認ㄖㄣˋ真ㄓㄣ學ㄒㄩㄝˊ習ㄒㄧˊ
教ㄐㄧㄠ師ㄕ			

㈡請ㄑㄧㄥˇ風ㄈㄥ陪ㄆㄟˊ我ㄨㄛˇ玩ㄨㄢˊ

評ㄆㄧㄥˊ量ㄌㄧㄤˋ	正ㄓㄥˋ確ㄑㄩㄝˋ性ㄒㄧㄥˋ	認ㄖㄣˋ真ㄓㄣ學ㄒㄩㄝˊ習ㄒㄧˊ
教ㄐㄧㄠ師ㄕ		

飛揚的風鈴

一年級_____班　座號：_____　姓名：_____

小朋友，每當風精靈一走過，風鈴便會響起悠揚、清脆的聲音。請你也來完成一個漂亮的風鈴，當風精靈一出現，它就可以告訴你。

一、請你先將想要做的風鈴的樣子先用鉛筆在下面的地方畫出來

```
┌─────────────────────────────────────────────────┐
│                                                 │
│                                                 │
│                                                 │
│                                                 │
│                                                 │
│                                                 │
│                                                 │
│                                                 │
│                                                 │
│                                                 │
│                                                 │
│                                                 │
│                                                 │
└─────────────────────────────────────────────────┘
```

二、評量
（一）

評量	作品創意	作品完成	認真學習
教師			

（二）請將同學給你的回饋貼在學習單背面

冬ㄉㄨㄥ天ㄊㄧㄢ大ㄉㄚ不ㄅㄨ同ㄊㄨㄥ

一ㄧ年ㄋㄧㄢ級ㄐㄧ _____ 班ㄅㄢ 座ㄗㄨㄛ號ㄏㄠ: _____ 姓ㄒㄧㄥ名ㄇㄧㄥ: _____

小ㄒㄧㄠ朋ㄆㄥ友ㄧㄡ, 你ㄋㄧ在ㄗㄞ日ㄖ常ㄔㄤ生ㄕㄥ活ㄏㄨㄛ中ㄓㄨㄥ觀ㄍㄨㄢ察ㄔㄚ到ㄉㄠ冬ㄉㄨㄥ天ㄊㄧㄢ有ㄧㄡ哪ㄋㄚ一ㄧ些ㄒㄧㄝ不ㄅㄨ一ㄧ樣ㄧㄤ的ㄉㄜ地ㄉㄧ方ㄈㄤ, 請ㄑㄧㄥ你ㄋㄧ把ㄅㄚ它ㄊㄚ寫ㄒㄧㄝ出ㄔㄨ來ㄌㄞ。

序ㄒㄩ號ㄏㄠ	內ㄋㄟ　　　　容ㄖㄨㄥ
1	
2	
3	
4	
5	

評ㄆㄧㄥ量ㄌㄧㄤ	正ㄓㄥ確ㄑㄩㄝ性ㄒㄧㄥ	觀ㄍㄨㄢ察ㄔㄚ詳ㄒㄧㄤ細ㄒㄧ	認ㄖㄣ真ㄓㄣ學ㄒㄩㄝ習ㄒㄧ
教ㄐㄧㄠ師ㄕ			

第五節 溫暖的冬天

壹、能力指標

2-1-2 描述自己身心的變化與成長，並知道身心健康的重要。

2-1-4 了解自己在群體中可以同時扮演多種的角色。

3-1-3 察覺並尊重不同文化間的歧異性。

4-2-4 在音樂活動中，使用人聲、肢體動作和簡易的樂器進行創作。

4-2-3 透過人聲、身體樂器、樂器及周遭環境的聲音來體驗多樣化的音色。

4-2-6 在共同參與戲劇表演活動中，觀察、合作並運用語言、肢體動作，模仿情境。

4-2-7 利用藝術創作的方式，與他人搭配不同之角色分工，完成以圖式、歌唱、表演等方式所表現之團隊任務。

5-2-4 透過演唱和欣賞兒歌、童謠，培養愛好音樂的態度。

5-2-6 培養觀賞藝術活動時，應有的秩序。

6-2-2 蒐集各種喜愛的圖片、小飾物，美化自己的生活空間。

6-2-6 正確、安全、有效的使用道具，從事表演活動。

9-3-4 養成動手做的習慣，察覺自己也可以處理很多事。

9-3-5 學習安排工作步驟。

9-3-6 學習如何分配工作，合作完成一件事。

貳、單元目標與教學策略

目標	能力指標	活動名稱	教學策略	多元智慧	授課節數	備註
一、能說明在年末有哪些民俗節慶 二、能說明不同族群的人對不同節慶的重視程度不一樣 三、能對教室空間的安排表達自己的看法 四、能動手製作或蒐集與過年有關的裝飾品及圖片 五、能確實完成所分配到的工作 六、能利用麵團創作出自己想到的造型 七、能表達出對學校的向心力及愛 八、能明瞭舉辦活動時，事先的規畫和準備的事項 九、能大方地在大眾面前表演自己的才能 十、能在團體中和夥伴協力合作，完成任務 十一、能配合團體舞獅或演奏簡單的節奏	2-1-2 描述自己身心的變化與成長，並知道身心健康的重要 2-1-4 了解自己在群體中可以同時扮演多種的角色 3-1-3 察覺並尊重不同文化間的歧異性 4-2-3 透過人聲、身體樂器、樂器及周遭環境的聲音來體驗多樣化的音色 4-2-4 在音樂活動中，使用人聲、肢體動作和簡易的樂器進行創作 4-2-6 在共同參與戲劇表演活動中，觀察、合作並運用語言、肢體動作，模仿情境 4-2-7 利用藝術創作的方式，與他人搭配不同之角色分工，完成以圖式、歌唱、表演等方式所表現之團隊任務 5-2-4 透過演唱和欣賞兒歌、童謠，培養愛好音樂的態度 5-2-6 培養觀賞藝術活動時，應有的秩序 6-2-2 蒐集各種喜愛的圖片、小飾物，美化自己的生活空間 6-2-6 正確、安全、有效的使用道具，從事表演活動	溫暖的冬天	表演、觀察、雕塑、蒐集資料、實作	語文、邏輯一數學、視覺一空間肢體一動覺、人際、內省、自然觀察者	二十五節	

十二、能配合團體	9-3-4 養成動手做的習			
舞獅或演奏簡	慣，察覺自己也可以			
單的節奏	處理很多事			
十三、能省思自己	9-3-5 學習安排工作步驟			
一學期來能力	9-3-6 學習如何分配工			
上的進步	作，合作完成一件事			
十四、能規畫寒假				
的生活，並確				
實執行				

教室資源或材料：雲彩紙、簡易的工具、彩帶、麵團、電磁爐、鍋子、請家長幫忙。

參、多元智慧課程矩陣圖學習活動

語文：	邏輯─數學：
◎用口語表達冬至的意義（好玩的湯圓 　──冬至的意義） ◎口頭發表自己的寒假生活規畫（新年新 　希望）	◎安排節目表（祝您生日快樂──耶誕晚 　會） ◎安排規畫寒假的生活（新年新希望）
視覺─空間：	肢體─動覺：
◎安排教室的空間，並繪出簡圖（彩粧教 　室──大設計家） ◎蒐集過年的圖片（彩粧教室──動手 　做） ◎利用創意完成創意湯圓（好玩的湯圓）	◎做紙炮（彩粧教室──動手做） ◎動手做清潔工作（彩粧教室──大家一 　起來大掃除） ◎合作表演舞獅（快樂過新年──敲鑼打 　鼓迎新春）
音樂：	人際：
◎學習簡單的童謠（歡樂的十二月──歌 　曲教唱） ◎創作或選擇喜歡的簡易節奏（快樂過新 　年──可愛的獅子）	◎動手做清潔工作（彩粧教室──大家一 　起來大掃除） ◎合作表演舞獅（快樂過新年──敲鑼打 　鼓迎新春）
內省：	自然觀察者：
◎蒐集過年的圖片（彩粧教室──動手 　做） ◎省思這學期來的能力進步情形（新年新 　希望） ◎規畫寒假的生活（新年新希望）	◎觀察一般舞獅用獅子的特徵（快樂過新 　年──可愛的獅子）

肆、課程或單元步驟

目標	學習活動	支援活動	時間	資料或評量
1、2	歡樂的十二月 1. 歌曲教唱 進行「耶誕鈴聲」的歌曲教唱與動作的創作 2. 全班討論 學生討論最近有什麼重要的節日？	☞確認學生有八成會唱「耶誕鈴聲」 ☞進行歌曲動作的創作 ☞引導學生發覺冬天裡有哪些值得慶祝或紀念的日子？ ☞引導學生發表這些日子各有何意義？ ☞這些日子各有什麼民俗活動？ ☞引導學生思考不同社群的人，對不同節日的重視程度	80分	☆「討論高手行為檢核表」
3、4、5	彩妝教室 1. 大設計家 各自為如何安排教室的空間提出自己的想法，並可輔以圖畫說明 選出一個大家都可以接受的方案 2. 動手做 製作布置教室所需的物品： (1)紙炮 (2)蒐集有關過年的圖片 3. 大家一起來大掃除 先由學生認養自己工作，再動手依據大家所選出的設計方案重新布置教室	☞配合校慶活動，重新由學生來布置教室 ☞學生發表自己想法時，老師宜適時點出方案的可行性，讓學生思考如何解決 ☞蒐集相關圖片，可事先回家蒐集 ☞紙炮的製作可由小組合作一串即可，過程中，獎勵學生創意的表現 ☞分配工作，並檢核是否有確實完成	80分 80分 120分	☆「討論高手行為檢核表」 ☆「大家一起來大掃除」檢核單
6	好玩的湯圓 1. 冬至的意義 2. 另類湯圓 同學創造自己喜歡的湯圓	☞事先徵求願意協助的家長數名 ☞簡單介紹冬至的由來 ☞學生可藉此創作自己喜歡的湯圓造型，輔導媽媽再協助將湯圓蒸熟 ☞過程中留意學生的安全，以免燙傷	80分	☆「創意湯圓」學習單

7、8、9	祝您生日快樂 1.校慶活動 學校生日到了，討論我們能為學校做什麼？ 2.耶誕晚會 　(1)小組討論欲表演的節目 　(2)準備耶誕晚會的表演節目	☞引發學生熱愛校園的向心力 ☞舉辦耶誕晚會由學生自行策劃節目 ☞分組準備表演節目 ☞場地布置由輔導媽媽支援 ☞學生可利用課餘時間加以排練，教師利用上課時間，在各組各組了解其進度，提供必要的支援	80分 160分	☆「討論高手行為檢核表」
10、11、12	快樂過新年 1.可愛的獅子 (1)小組討論為獅子造型 (2)小組合作完成獅子的創作，並完成簡單的打擊樂器 (3)練習簡單的節奏及步伐 2.敲鑼打鼓迎新春 分組表演	☞準備舞獅用的獅子或玩具獅頭 ☞引起動機，引發學生的舊經驗，或一般用的獅子，再加以討論 ☞引導學生創作心目中的獅子 ☞創作簡單的節奏樂器 ☞提醒學生準備小組討論出所需的材料 ☞引導學生選擇或創作簡單的節奏 ☞培養整組表演的默契 ☞分組表演	40分 80分 40分 80分	☆「可愛的獅子」學習單
13、14	新年新希望 1.思考這學期自己的能力上有何進步的地方？ 2.安排自己的寒假生活 3.組內發表自己的寒假生活規畫	☞引導學生省思這學期自己的所學 ☞引導學生思考寒假自己可做些什麼事情	80分	☆「能力大考驗」學習單

伍、學習評量單

請見下頁起。

可愛的獅子

一年級＿＿＿班　座號：＿＿＿＿　姓名：＿＿＿＿＿＿＿＿

小朋友，新年快到了，相信過新年時，你一定常看見有人在舞獅，這真的很好玩，我們也來做一隻獅子來玩吧。

一、準備工作
　　1.一個大的垃圾袋或浴巾。
　　2.一個大的圓形餅乾盒或蛋糕盒的底部或蓋子。
　　3.任何可以裝飾在獅頭或獅身上的裝飾品。
　　4. 1500cc 或 750cc 寶特瓶。
　　5.工具箱。

二、製作過程
　　1.以大的垃圾袋或浴巾做獅子的身體，並在上面進行裝飾。
　　2.以圓形的餅乾或蛋糕盒為獅頭，並在上面進行裝飾。
　　3.再將獅身和獅頭結合在一起。
　　4.另外以寶特瓶製作打擊樂器。

三、評量

評量	作品完成度	合作精神	創意	認真學習
教師				
小組長				

一一年級＿＿＿＿班　座號：＿＿＿＿＿　姓名：＿＿＿＿＿＿＿＿＿＿

小朋友，快過年了，你也長大了不少，有很多事情應該可以自己動手做了哦！我們來看看哪一些事情，你已經可以自己動手做了？

一、請你將黑板上大家所討論在新年快到時，家人常做的一些事情中，你認為你現在有能力做到的列出來：

二、在上面的事情中，選一至二項，在家中確實做到，做完後，請你自己及家人在事情前面的格子中打「✓」並簽名。

家人檢核	自己檢核	完成的事情

評量教師	認真參與討論	家長簽名並分享

　運用多元智慧的課程與教學：以生活課程為例

第五章　多元智慧生活課程教學與評量實例評析

課程、教學、評量本是三位一體，課程的安排須經過教學與評量的實施歷程，才能使其發展漸至完備，故本章擬就前一章所提出之單元教學設計，經實際教學歷程後，提出實際實施成效及改善意見，以供實務教學者運用時參酌。

　　以下就整體成效與各單元教學設計之評析分述於下：

第一節 整體成效

　　在整體成效上，擬從教學者、學生、家長等三方面進行訪談，以評估其成效：

壹、教學者

　　教學者發現上完此教學單元後理整體成效的評估，可歸納下列幾點：

一、學生學習興趣極高

　　教學設計安排多為學生活動課程，均須學生實際動手操作，極少有知識直接的灌輸，過程中注重學生知識的內化與自我建構，故學生對此課程均特別期待。教學者提及：

> 「自從教室布置魚缸養魚後，學生常跑來報告魚的情形，甚至孵化出小魚，還是學生第一個發現的。」
> 「學生常常會問我：『什麼時候我們還要再演戲？』」

二、學生能清楚說出本身的想法

　　在透過小組合作的學習歷程，在小組中均鼓勵學生說出自己的看法及在全班學生面前發表自己或小組的意見，所以無論在討論任何事情，班上同學

較不會有冷場出現；科任教師亦回饋給級任老師說班上的學生較其他班級活潑而且意見也比較多。教學者提及：

> 「我們班上的健康與體育學習領域的科任老師還都告訴我，我們班學生好像跟別班不太一樣，在討論事情時，很多學生均有自己的意見。」

三、全班的能力全面性的提升

透過課程的實施，發現班上學生的能力為全面性的提升，而非針對幾個特殊的學生。且透過小組，發揮小組的團體動力，讓小組內的成員一起成長。教學者提及：

> 「我覺得一學期下來，我們班上的學生，並沒有特別突出的人，沒有所謂的英雄存在，但是學生各方面的表現，卻是令我非常滿意與驚訝。」

四、學生人際智慧與問題解決能力均有明顯提升

透過課程的實施，學生在小組中實際工作，在處理工作中出現問題時，每人發揮自己的強勢智慧來參與討論和貢獻自己的能力，在無形中其解決能力，有明顯的提升；另外，在小組工作，要能順利完成，須透過不斷的討論和妥協，亦比較會考慮到別人，故其人際智慧亦跟著提升。教學者提及：

> 「最近學生常會為了一些小問題，跑來我這裡告狀，常常是為了在小組中不知道該聽誰的口令，且學生常提及『為什麼我要聽他的』。」

但實驗組教學者亦發現這種情形，隨著時間好像慢慢地減少了，她說：

> 「最近學生好像比較少來告狀了，有時候來，告訴他們處理原則後，

好像就沒有問題了，事後再問他們，他們已經解決了。」

這些情形，和家長在家所發現的狀況，似乎得到相互印證。

五、發現學生能力仍持續進步

教學者在進行此課程安排一學期後，發現學生各方面能力仍持續轉變。以下即針對教學者的訪談結果整理於下：

發現學生在進行此課程教學設計一學期後的能力有更顯著的進步。教學者發現學生對於協調的能力、規畫事情的能力、按計畫進行事情的能力及分工的能力，甚至是個人的創意均表露無遺。教學者提到：

> 「在這一學期開學之初進行分組，本來有兩位曾經發生衝突的男生分在同一組，實習老師認為會有問題，該不該介入處理，我後來決定先靜觀其變再說，沒想到什麼事都沒發生，我很好奇，後來私底下了解，原來他們已經協調好了，決定小組長輪流當，兩人輪流發號命令。」

這是其中的一個例子，整體來說，這學期班上的紛爭較上學期為少。

另外，這學期亦有安排紙偶戲教學，而從紙偶的製作到劇本的編寫均由學生一手包辦，而且劇本已不像上學期一樣，需要教師大幅度的修改，甚至哪裡需要安排旁白亦會主動討論提出。這學期末安排了一個感恩會活動並順便歡送實習老師，其中節目開放由學生自行組隊提供，學生除能主動提供節目外，竟然亦能主動找時間排演，且節目所包含的範圍也相當廣，有學生演戲、彈鋼琴、拉小提琴、唱歌跳舞、騎馬打仗等等，學生忙得不亦樂乎，在這過程中，學生有很多教師意想不到的創意出現，實驗組教學者提到：

> 「在這一次的活動中，學生能力的展現真的讓我很驚訝，各組學生表現的真的很棒，他們會利用時間自行排演，我只在他們遇到困難的時候，才介入幫忙和負責盯進度而已。這其中讓我印象最深的是有一組學生表演舞蹈，曲目是F4的「流星雨」，其中舞蹈的動作全

是他們五個小女生想出來的，我僅是幫他們找歌詞及簡化動作罷了，另一組讓我很感動的是班上幾乎所有男生所表演的騎馬打仗，因為人多，比較不好討論，但也因為人多點子也較多，他們的道具及表演方式，均是透過詳細的討論所決定的，就像本來他們想利用蕃茄醬來當受傷流的血，後來還是經過我提醒，這會造成媽媽洗衣的困擾才作罷；另外，他們選擇的攻擊武器竟然會想到利用鋁箔包吹氣射出竹筷子，來當武器，當然我也請他們要注意安全，學生的可愛之處更在於他們會去嘗試怎麼把武器射得最遠，他們還規畫到最後一起把鋁箔包踩破，當成地雷爆炸，全部同歸於盡。」

從教師的口中，可看出在這一學期學生的能力，真的確實展現，甚至是有些我們意想不到的結果，均在這學期浮現出來。

貳、學生

為了解學生對課程安排的意見及學習的狀況及興趣，乃於隨機抽取十位學生來進行晤談，其晤談結果如下：

一、學生學習興趣慢慢增加

剛開始進行實驗時，學生並不特別喜歡「生活課程」課，亦對生活課程沒有特殊的印象，然愈到實驗的中期，學生愈喜歡此課程，甚至到期末時，有學生甚至提出最好把課表上的課全部改為生活課程。有學生提及：

「我們最喜歡生活課程，最好把課表上的國語、數學課都改成『生活課程』。」
「……『生活課程』有時候都有東西吃，有時候可以做遊戲，或到教室外面上課，真的很好。」
「對啊！對啊！有時候還可以到校外玩。」

二、學生最喜歡「風精靈劇場」及「可愛的獅子」；最不喜歡的是 「校園 DIY」

期末問過學生，這學期的課程安排中，最喜歡的課程為何？得票最高的是「可愛的獅子」及「風精靈劇場」，學生所提的原因均為很好玩，很想再玩一次，最不喜歡的是「校園 DIY」，因為那好難哦！學生提及：

> 「我最喜歡的是『可愛的獅子』，因為是我們自己做的，而且還可以打鼓，和別人比賽。」
>
> 「我最喜歡的是『動物大會串』，因為在上課都可以在教室外面上課，也可以捉到很多小昆蟲。」
>
> 「我最喜歡『風精靈劇場』，因為我可以演戲，變成其他的人。」

經由上述部分學生表達的意見後，進行投票結果發現最受歡迎的活動是：「可愛的獅子」（65%）及「風精靈劇場」（63%）各有超過六成的學生投給它們，而學生最不喜歡的活動是「校園 DIY」（49%）。深入分析最受歡迎的活動，在活動的屬性發現：此兩個活動均採小組合作學習，在工作小組中，每個人各司其職，發揮自己的強勢智慧進行工作達成任務，亦獲得高度的成就感，並在完成後能和其他小組予以比賽。此結果與雷敏君（2001）所解析出受歡迎的活動性質為動態活動性強及有競爭、比賽性的結果頗為相符。

三、學生覺得自己最有進步的是交了很多好朋友

多數學生認為自己這學期來，最大的收穫是交了很多很要好的朋友，而且不會和好朋友吵架。

參、家長

為了解課程教學設計的成效，亦召開兩次家長座談會，以下彙整兩次座

談會的資料，其結果於下：

一、會興高采烈地跟家長報告在學校的活動情形

學生回家後會很高興地向家人報告今天在學校做了些什麼事，或很期待明天學校有何活動要進行，讓家長感受到小孩子樂於學習。

二、會主動回家要求幫忙

有家長提出：

「以往在家中有事情要求他幫忙時，不是找理由推託，就是心不甘情不願地，但是最近他回家後，甚至會主動要求幫忙做一些家事。」

且有些家長亦反應，學生有時在家中亦會教媽媽如何處理事情會比較好。

三、做事會比較有效率

家長發現學生在家比較會規畫時間，且對於該做的事情（功課）會先主動完成，且處理很多事會比較有方法。有一位家長即提出：

「有一次妹妹拿了他的故事書亂畫，就以前的慣例，他不是會來向我告狀，就是兩人已大打出手，可是上一次我竟然發現他在和妹妹談判，告訴他書不可以亂畫，且故事書他不看的時候可以借給她看，但她看完後一定要還他。」

本來家長覺得很驚訝，把小孩叫來一問之下，才知道在學校他們小組的人東西都是借來借去的，用完只要還給他就可以。

四、在家比較不會亂發脾氣

一般家長均指出，學生在家也比較不會亂發脾氣（內省），和兄弟姊妹爭吵的現象也比較少發生（人際）。

另外，整體來說，不論是在學習態度、學習興趣上，甚至是能力的改變，家長均肯定學生的進步情形。

不管從教師、學生或家長，均可發現學生能力的進步，及學習興趣的濃厚，雖然在課程與安排設計上有些瑕疵，但是經由此課程學生在各方面均有明顯的進步。

第二節 各單元教學設計評析

教學者針對分一單元教學設計的回饋意見，以供往後運用此單元設計者參酌，以下就各單元分述如下：

壹、認識校園

一、校園 DIY

1.學生的抽象思考、空間概念與方向未發展完成，導致作品完整性不夠。

2.學生對常去的地方了解最深，例如：遊樂場、健康中心等，其他學生較不常去的地方，即使老師在開學時曾去拜訪過，仍對其意義性不高，學生亦無法掌握。

3.建議：引導時以學生舊經驗為主，此校園地圖模型應可逐年建立得更完整，過程中要容許學生的不完美。

二、大樹下

1.在進行「為樹找家」活動時，教室周圍的樹木比較容易找，但是距離教室較遠的樹木學生較難尋找，故活動進行時會耽誤較多的時間。

2.剛開學學生的常規尚未建立，「我是一棵……」活動中，要學生閉上眼睛安靜地隨著音樂做出動作，其效果較差。

3.活動進行採動態、表演的方式，學生的學習意願很高，且學習得非常快樂。

4.建議：學生學習的素材，以其生活中熟悉的事物效果最佳，安排學習活動時可盡量以學生生活中常見的事物為主。

三、動物大會串

1.引導學生進行觀察、比較，對學生核心概念的建立效果不錯，會比直接教導，讓學生有更深刻的印象。

2.配合學習情境，在教室的自然觀察者學習角所布置的魚缸養孔雀魚，因孔雀魚下卵，而卵又孵化成小魚，使得學生對這缸魚興趣極高。

3.雖然此單元較接近自然科學，然在活動的安排有利用圖畫呈現、有利用專家來教導學生雕塑的部分，已顧及到各類學生的強勢智慧。

4.建議：發現在此活動中，學習情境的營造與布置相當重要，可激發學生高度的學習興趣。

貳、風精靈

一、風精靈在哪裡

1.利用小組討論及全班討論引導學生察覺風的存在。

2.透過學生的想像力，經由肢體動作，展現其所知道的風。

二、風精靈劇場（I）

1.此活動進行簡單的戲劇表演，對學生與教學者來說，均為一項高難度的挑戰，整個活動進行以小組合作的方式進行，從決定劇目、編寫劇本、角色安排、道具製作、到排練，全由學生一手包辦，老師所負責的角色，乃是從中予以協助。

2.對教學者來說，第一次嘗試在一年級上學期帶戲劇活動，又是一手由學生包辦，壓力相當大，有一段時間曾為了修學生的劇本，每天晚上都修到十二點多。

3.在整個活動進行中，學生的學習興趣極高，常會以小組為單位在課餘時間進行討論與排練，學生甚至主動要求，發表會要在司令台舉行（因為學生覺得演戲一定要有舞台）。

4.建議：注重學生在歷程中所獲得的能力，不一定要太在意學生最後所呈現結果的完美與否。

三、大家來找風精靈

1.引導學生進行小組的討論，用什麼東西可以抓住風，並證明風被抓住，學生經過小組討論後，均能提出自己的看法。

2.在製作捕風袋上，學生發揮創意利用中型塑膠袋來裝飾完成，學生亦大致知道什麼東西可以而什麼沒辦法裝飾在捕風袋上。

3.進行抓風遊戲時，剛好碰到風滿大的時候，學生亦感受到風向對其進行遊戲的影響。

四、風精靈陪我玩

1.透過小組討論，學生均能從自己的玩具中舉出有利用風的玩具。

五、快樂的風車

1.讓學生學習製作風車，做完後，提供分享與檢討，並安排學生有再次修正作品的機會，每位學生亦因此均完成很棒的風車。

2.讓學生以自己製作的風車實際體驗風與速度和距離的關係，因透過小組實物的操作與討論，學生均能建立起核心的概念。

六、頑皮的風精靈

1.引導學生感受風吹動物體所發出的聲音，並思考哪些物體撞擊會發出聲響，哪一些不會。

2.引發學生的創意，讓學生自由發揮設計風鈴，此時學生的創意會有讓人意想不到的結果。

七、四季大不同

1.學生透過小組討論，均能發表自己觀察到四季不同的景象。
2.學生均能利用圖畫表現出自己所感受到的四季。

八、風精靈劇場（II）

1.學生在進行戲劇表演時，難免有忘詞的現象，且時間的安排過久，學生集中注意力無法持續，導致後來有點混亂的現象。

2.建議：教師在過程中要能容忍學生的不完美，讓學生經歷學習該走過的歷程，另外，時間安排可再分散一些，考慮低年級學生注意力集中的長度。

參、溫暖的冬天

一、歡樂的十二月

　　1.透過歌曲與肢體的創作引發學生察覺到冬天的腳步近了。

　　2.透過全班討論，帶領學生討論在十二月分中有哪些民俗節日或紀念日，及所代表的意義。

　　3.學生在討論的過程中，均能踴躍的發言，教學者在帶領討論的歷程中，又能顧及較少發言的學生，使每位學生均有表達自己意見的機會（資料來自活動歷程錄影）。

二、彩粧教室

　　1.透過學生小組充分的討論，每組學生大致可提出組內學生對教室重新布置的規畫圖，在這個活動中發現學生空間概念及方位，比在做「校園DIY」時有明顯的進步（延續校園DIY學生空間能力的發展）。

　　2.在動手做大掃除的部分，每組學生均能將小組所負責的工作確實完成。

三、好玩的湯圓

　　1.課程設計本想利用麵團發揮學生的創意，讓其利用麵團自由創作，然因安排在冬至當天進行課程，可能因為有家長在一旁準備煮湯圓，學生又急著要吃湯圓，所以多數學生搓出來的造型大概均為圓形（學生在前面的課程已學過麵團的捏法）。

　　2.建議：教師進行活動時，輔導媽媽可於第二節課開始介入，第一節讓學生先自由創作。

四、祝您生日快樂

1.配合學校校慶與耶誕節的活動，在校慶活動中因為是低年級，所參與的活動較少，學生僅感受到學校很熱鬧，而無特殊感受。

2.有關於耶誕晚會因為是班群的活動，學生的期待較高，參與度亦較高。

五、快樂過新年

1.在這個活動中學生的學習興致很高，學生在製作獅子或簡易的打擊樂器均發揮極高的創意。

2.活動進行時，學生充分發揮小組合作的精神，在活動過程學生的能力亦獲得提升。

六、新年新希望

1.讓學生省思這一學期以來自己在各方面的進步，而學生也大致能體會到自己長大了。

2.在安排寒假生活方面，在小組相互的討論下，每個人亦均擬出自己的寒假計畫。

第三節 綜合討論與建議

壹、課程教學設計

在課程的安排與設計上，除了將多元智慧理論融入課程中外，又廣泛地採用小組合作學習、戲劇教學及小部分的學徒制，評量的安排方式亦傾向於多元化，整個課程實施下來，有些活動的設計與安排並不如預期的成效，須再略加以修正，然在其中卻發現一項課程成敗的重要因素，亦為教師心態的

轉換，相當重要。在實施的歷程中此課程與一般課程有的課程內容其實有某種程度的類似，相差的部分在於教師的引導與其教學策略的廣泛應用，從比較此課程教學設計之教學者的教學歷程與一般教師的教學歷程發現：此課程之教學者採用的教學策略偏重於多元智慧的理念，將介入學生學習的時機放在學習的中期或末期，而不是學習的初期，讓學生在嘗試錯誤中建構本身的知識，在工作中培養自己的能力。而一般教師則以帶完教材上的活動為目的，且為上課方便與一般教師一樣均準備統一的材料，然在此情形下，學生的許多創意，便受到限制。故此課程一結束，教學者能清楚掌握到學生已具備了何種能力，然一般教師卻無法確知學生上完一學期的生活課程後，到底學了些什麼。

貳、教學建議

一、善用小組合作學習，改進學生單打獨鬥的學習習慣

本課程教學設計高度運用小組合作學習，其從教師與個案家長的訪談中顯示學生大幅提升學習興趣，與改善學習習慣。從學生晤談中發現：學生喜歡的活動屬性為每人均能發揮所長、動手合作、動態活動性高、有競爭比賽性的活動，而小組合作學習卻又能充分符合上述的活動屬性。另外，本研究亦發現藉由小組的團體動力，不僅激發小組成員的學習動機與表現慾望，更能引導學生突破單打獨鬥的學習方式，增進小組合作學習、凝聚團隊意識的學習習慣。

然而，亦發現學生剛開始不熟悉小組合作學習時，難免會有一些組內糾紛出現，經過一段時間適應後，學生漸能共同找到妥協之道，並適應小組中的互動生態。因此，初期的組內糾紛是一個必經的歷程，若此時教師懼於處理，而揚棄此教學策略，著實可惜。

二、運用戲劇教學，提高學生學習興趣

訪談學生發現：所有課程中學生最喜歡「風精靈劇場」及「可愛的獅子」，前者乃戲劇教學。學生在戲劇中可扮演自己想要的角色，親自動手製作所需的道具，更可充分展現其強勢的智慧。因此，戲劇教學不僅可增進學生人際互動與體察自己的社會角色，能提升多元智慧的知能，更能達成「生活課程」中「藝術與人文」學習領域的能力指標。

然亦發現剛開始實施戲劇教學時，教師須付出較多的心力，學生從決定劇目、修改劇本、角色安排、製作道具到排練，均須教師加以協助。然學生熟悉此流程後，可發現其能力有明顯的提升。故教師在運用戲劇教學時，可將注意力置於學生在歷程中所獲得的能力，不一定要太在意學生最後所呈現結果的完美與否。

三、延後介入學生學習，容許學生有建構與探索的機會

教學者採用的教學策略偏重於多元智慧的理念，將介入學生學習的時機在學習的中期或末期，讓學生在嘗試錯誤中建構本身的知識，在工作中培養自己的能力。

以往的教學型態，教師將自己的角色，界定於知識的傳播者，致使教師介入學生學習的時機往往過早，導致學生在學歷的歷程中，難以建構自己本身的知識體系。因此，教師應留給學生充裕的時間與自主學習的機會，讓學生在學習初期先自行建構其知識基模，於學習中期或末期遭遇困難或學習瓶頸時方介入。

另外，教師必須容忍學生學習初期的不完美，提供機會讓學生親自動手作，以培養其自主學習與問題解決的能力，而不要因擔心學生做不好，以致剝奪學生學習的機會。

四、掌握「生活課程」核心概念，培養領域基礎知識

深入分析發現「生活課程」中的「社會與藝術與人文」學習領域在第一學習階段中均是結合學生的家庭、學校等日常生活環境中最基本的人群關係，故與「綜合活動學習領域」有較高的重疊，而「生活課程」又包含了「自然與生活科技學習領域」，此學習領域是一種有邏輯、可推論、講證據、知識結構度高的學習領域。故本研究設計課程時，先剖析某出版社在一上生活課程中在「自然與生活科技學習領域」所涉及之核心概念為「風」（各種力）、「校園常見的動植物及其生活」等概念，然後在課程設計以認知心理學中基模的建立與修正的方式，來建構學生這些核心概念。教師進行多元智慧理念融入「生活課程」時，宜掌握「生活課程」的核心概念，避免僅以學生為取向造成學生無法獲得系統知識內涵與結構，或為求快樂而缺乏學習內涵等問題。

五、運用多元智慧於教學，宜先了解其實施限制

筆者發現：教學者認為實際實施課程時，可能遭遇人力不足、學習場地安排困難及學校其他班級難以配合等問題。教師運用多元智慧於教學情境，應先窺知其困境，避免眼高手低，期望過高衍生挫折。

運用多元智慧的課程與教學：以生活課程為例

參考書目

壹、中文部分

王為國（2000）。國民小學運用多元智慧理論的歷程分析與評估之研究。國立台灣師範大學教育學系博士論文（未出版）。

王慧勤（2000）。扮演遊戲──國語課的另一扇窗。國立台北師範學院課程與教學研究所碩士論文（未出版）。

田耐青（1999）。由多元智慧的觀點談教學評量：一些台灣的實例。教師天地，**99**，32-37 頁。

吳萬萊（2001）。台灣「生活課程」教材的發展與使用。載於吉林省教育學院、北京師範大學基礎教學教學學程中心主辦：生活課程實驗研討。大陸深圳 2001年 12 月 1-3 日。

吳靜吉（2001）。學得有智慧、工作得有智慧、生活得有智慧──這才是人生。載於多元智慧豐富人生，羅吉台、席行蕙譯，10-18 頁。台北：遠流。

余民寧（1996）。有意義的學習：概念構圖之研究。台北：商鼎。

李心瑩譯（2000）。再建多元智慧。台北：遠流。

李平譯（1997）。經營多元智慧。台北：遠流。

李咏吟、單文經（1997）。教學原理。台北：遠流。

李坤崇（1999）。多元化教學評量。台北：心理。

李坤崇（2001）。綜合活動學習領域教材教法。台北：心理。

李坤崇（2002）。國民中小學成績評量準則之多元評量理念。載於教育部主編：國民中小學校長與視導人員理論篇研習手冊，121-136 頁。台北：教育部。

李坤崇、毆慧敏（2000）。統整課程理念與實務。台北：心理。

林世華（1999）。跨世紀的測驗發展計畫：國民中學學生基本學力測驗展計畫。載

於邁向課程新紀元──九年一貫課程研討會論文集，49-50頁，台北：中華民國教材研究發展學會。

柯啟瑤（2001）。體驗活動的意義與重要性。翰林文教雜誌，**20**。

秦葆琦（2000）。生活課程的特質、功能與實施方式。九年一貫課程研習講義。

高浦勝義（1989）。生活科的想法、實行方法。東京都：黎明。（日文）

高浦勝義（1991）。生活科的中的想法、實行方法。東京都：黎明。（日文）

高浦勝義（1998）。綜合性學習的理論、實踐與評量。東京都：黎明。（日文）

張世忠（1999）。教材教法之實踐──要領、方法、研究。台北：五南。

張稚美（2000）。落實多元智慧評量是心智習性的一大挑戰，載於落實多元智慧評量，郭俊賢、陳淑惠譯，9-12頁。台北：遠流。

張曉華（1999）。創作性戲劇原理與實作。台北：財團法人成長文教基金會。

教育部（1993）。國民小學課程標準。台北：作者。

教育部（1995）。國民中學課程標準。台北：作者。

教育部（2000）。國民中小學九年一貫課程暫行綱要。台北：作者。

教育部（2003）。國民中小學九年一貫課程綱要。台北：作者。

梁雲霞譯（2000）。多元智慧和學生成就：六所中小學的成功實例。台北市：遠流。

深美教學團隊、梁雲霞（2002）。看見想像的學校。台北：遠流。

郭俊賢、陳淑惠譯（1999）。多元智慧教與學（第二版）。台北：遠流。

郭俊賢、陳淑惠譯（2000）。落實多元智慧教學評量。台北：遠流。

郭元祥（2002）。生活與教育：回歸生活世界的基礎教育論綱。武昌：華中師範大學。

陳英豪、吳裕益（1991）。測驗與評量（修訂一版）。高雄：復文。

陳伯璋（1999）。九年一貫課程的理念、內涵與評析。發表於板橋教師研習會辦「國民教育階段九年一貫課程座談會」。

陳杰琦（1998）。鑑別、培養與發展兒童的多元智力。文教新潮，**3**（5），6-17頁。

陳瓊森、汪益譯（1995）。超越教化的心靈。台北：遠流。

曾志朗（1995）。超越教化的心靈序。台北：遠流。

黃政傑（1991）。課程設計。台北：東華。

黃政傑（1992）。合作學習教學法。台北：五南。

黃政傑、林佩璇（1996）。合作學習。台北：五南。

楊龍立（1997）。建構主義評析－在課程設計上的啟示。台北市立師院學報，**28**期，41-55。

楊思偉（1999）。規畫國民中小學九年一貫課程基本能力實踐策略。教育部委託專案研究報告。台北：台灣師範大學教育研究中心。

歐用生（1999）。從「課程統整」的概念評九年一貫課程。教育研究資訊，第七卷，第一期，22-32頁。

歐用生（民88）。從「課程統整」的概念評九年一貫課程。教育研究資訊，第七卷，1期，22-32頁。

歐慧敏（2003）。反思教學的理念與策略。教育研究月刊。

歐慧敏（2002）。運用多元智慧理論在國小一年級生活課程之教學實驗研究。國立政治大學教育學系教育心理與輔導組博士論文（未出版）。

歐慧敏、李坤崇（2002）。九年一貫課程與舊課程的差異。載於教育部主編：九年一貫課程基礎研習手冊，11-25頁。台北：教育部。

簡茂發、李琪明、陳碧祥（1995）。心理與教育測驗發展的回顧與展望。測驗年刊，42輯，1-12頁。

羅吉台、席行蕙譯（2001）。多元智慧豐富人生。台北：遠流。

貳、英文部分

Abdal-Haqq, I. (1998). *Constructivism in teacher deucation: Considerations for those who would link practicewto theory.* ERIC Digest. Clearinghouse on Teaching and Teacher Education, Washington, DC U. S., District of Columbia.

Airasian P. W. (1996). *Assessment in the classroom.* New York: McGraw-Hall.

Airasian, P. W. & Walsh, M. E. (1997). Constructivist cautions. Phi Delta Kappan ,(78), 444-449.

Albero, P., Brown, A. Eliason, S. & Wind, J. (1997). *Improving reading through the use of multiple intelligence*. Master's Action Research Project, Saint Xavier University and IRT/Skylight. (ED 410522)

Armstrong, T. (1994). *Multiple intelligence in the classroom*. VA: ASCD.

Armstrong, T. (1998). *Awakening genius in classroom*. VA: ASCD.

Armstrong, T. (1999). *7 kinds of smart: Identifying and development your multiple intelligence (2th ed.)*. New York: Penguin Putnam Inc.

Arter, J. (1990). *Using portfolios in instruction and assessment: State of the art summary*. Portland, OR.: Northwest Regional Educational Laboratory.

Baney, M. E.. (1998). *An examination of the process of implementing multiple intelligence theory into classroom practice: A team approach*. Doctor dissertation Temple University, UMI No.: 9838458.

Beane, J. A., Toepfer, C. F. (Jr.) & Alessi, S. J. (Jr.) (1986). *Curriculum planning and development*. Boston: Allyn & Bacon.

Beltzman, J. (1994). *A case study describing the application of Howard Gardner's theory of multiple intelligences as applied to the teaching of learning disabled students*. Walden University, Ph. D. AAC 9536766.

Brooks, J. G. & Brooks, M. G. (1993). *In search of understanding; the case for constructivist classrooms*. Alexandria, VA: Association for Supervision and Curriculum Development.

Campbell, L. & Campbell, B. (1999). *Multiple intelligences and student achievement: Success stories from six school*. VA: ASCD.

Campbell, L., Campbell, B. & Dickinson, D. (1999). *Teaching & learning through multiple intelligences (2th ed.)*. MA: Allyn & Bacon.

Campbell, M. J. (2000). *An experiential learning approach to faculty in Asla-Pacific education*. The Faculty of School of Intercultural Studies in Biola University. Ph. D.

Carson, D. (1995). *Diversity in the classroom: Multiple intelligences and mathematical problem-solving*. AAC 9616884.

Cattell, R. B. (1965). *The scientific analysis of personality*. Baltimore: Penguin.

Checkley, K. (1997). The first seven and eighth: A conversation with Howard Gardner.

Education Leadership, 55 (1), 10.

Chen, J. Q. & Gardner, H. (1997). Alternative assessment from a multiple intelligences perspective. In B. Torff (Ed.) *Multiple intelligences and Assessment* (pp. 27-54). IL: IRI Skylight.

Costa, A. L., & Kallick, B. (2000). *Habits of Mind: Discovering and exploring habits of mind.* Alexandria, VA：Association for Supervision and Curriculum Development (ASCD).

Costa, A. L., & Liebmann, R. (1997). Toward a renaissance curriculum: An idea whose time has come. In A. Costa & R. Liebmann (Eds.), *Envisioning process as content: Toward a renaissance curriculum* (pp. 1-20). Thousand Oasks, CA: Corwin Press.

Crockett, T. (1998). *The portfolio journey: A creative guide to keeping student-managed portfolios in the classroom.* Englewood, Colorado: Teacher Ideas Press, A Division of Libraries Unlimited, Inc.

Danielson, C. & Abrutyn, L. (1997). *An introduction to using portfolios in the classroom.* VA: Association for Supervision and Curriculum Development (ASCD).

Dare, M., Durand, S., Moeller, L. & Washington, M. (1997). *Using multiple intelligence, cooperative learning, and higher order thinking skills to improve the behavior of at-risk students.* Master's Field-Based Action Research Project, Saint Xavier University & IRI/Skylight (ED 411954).

Das, J. P., Naglieri, J. A. & Kirby, J. R. (1994). *Assessment of cognitive processes: The PASS theory of intelligence.* Boston: Allyn & Bacon.

Edwards, M. A. (1995). Growth is the name of the game. *Educational Leadership, 52* (6), 72-74.

Eisner, E. W. (1995). Educational reform and the ecology of schooling. In A. C. Ornstein & L. S. Behar (Eds.), *Contemporary issues in curriculum.* (pp. 390-402). MA: Allyn & Bacon.

Ellingson, W. E., Long, E. A. & McCullough, K. L. (1997). *Improving student motivation through the use of varied instructional and curricular adaptation.* Master's Action Research Project, Saint Xavier University & IRI/Skylight (ED 412006).

Feuerstein, R., Rand, Y., Hoffman M. B. & Miller, R. (1980). *Instrumental enrichment: An intervention program for cognitive modifiability*. Baltimore, MD: University Park Press.

Fisher, E. M. (1997). *A cross case survey of research based on Howard Gardner's theory of multiple intelligences*. University of South Carolina. Ph. D. AAC 9815503.

Fosnot, C. T. (1996). *Constructivism: Theory, perspectives, and practice.* New York: Teachers College Press.

Gardner, H. (1983). *Frames of mind: The theory of multiple intelligence*. New York: Basic Books.

Gardner, H. (1991). *The unschooled mind*. New York: Basic Books.

Gardner, H. (1993). *Multiple intelligence: The theory in practice*. New York: Basic Books.

Gardner, H. (1999). *Intelligence reframed: Multiple intelligence for the 21st century*. New York: Basic Books.

Gens, P., Provance, J., VanDuyne, K. & Zimmerman, K. (1998). *The Effects of integrating a multiple intelligence based language arts curriculum on reading comprehension of first and second grade students*. Master's Action Research Project, Saint Xavier University & IRI/Skylight (ED 420840).

Glathorn, A. A. (1987). Cooperative professional development: Peer-centered options for teacher growth. *Educational Leadership, 45* (3), 31-35.

Goodnough, K. C. (2000). *Exploring multiple intelligences theory in the context of science education: An action research approach*. Department of Curriculum, Teaching and Learning Ontario Institute for Studies in Education of the University of Toronto. Ph. D.

Guilgord, J. P. (1977). *Way beyond the I.Q.* Buffalo, NY: Creative Education and Bearly Limited.

Horn, J. L. (1968). Organization of abilities and development of intelligence. *Psychological Review, 75,* 242-259.

Johns, J. (1992). How professionals view portfolio assessment. *Reading Research and Instruction, 32* (1), 1-10.

Johnson, D. W. & Johnson, R. T. (1988). *Cooperation in the classroom (rev. ed.)*. Edina, MN: Interaction.

Johnson, D. W. & Johnson, R. T. (1994). *Learning together and alone: Cooperative, competitive, and Individualistic Learning*. (4th ed.). Boston: Allyn and Bacon.

Kagan, S. & Kagan, M. (1998). *Multiple intelligence: The complete MI book*. CA: Kagan Cooperative learning.

Kanter, A. K. (1994). *Arts in our school: arts-based school reform that applies the concepts of interdisciplinary study and active learning to teach to the multiple intelligences*. University of Northern Colorado. MA. AAC 1354296.

Kingmore, B. (1993). *Portfolios: Enriching and assessing all students*. Des Moines, Iowa: Leadership Publishers.

Klein, P. D. (1997). Multiplying the problems of intelligence by a critique of Gardner's theory. *Canadian Journal of Education, 22* (4), 377-394.

Kolb, D. (1984). *Experiential Learning: Experience as the source of learning and development*. Englewood cliffs, New Jerry: Prentice Hall.

Kornhaber, M. L. (1997). *Seeking strengths: equitable identification for gifted education and the theory of multiple intelligences*. Harvard University. Ed. D. AAC 9734807.

Kubiszyn, T. & Borich, G. (1987). *Educational testing and measurement: Classroom application and practice*. (2nd ed.). Illinois: Scott, Foresman and Company.

Laase & Clemmons (1998). *Helping students write best research reports ever*. Scholastic Press.

Layng, D., McGrane, V., & Wilson, C. (1995). *Improving behavior through multiple intelligence*. Master's Research Project, Saint Xavier University & IRI/Skylight (ED 392550).

Lazear, D. (1999a). *Multiple intelligence approaches to assessment*. Tucson Arizona：Zephyr Press.

Lazear, D. (1999b). *Eight ways of teaching (3rd ed.)*. IL: IRI Skylight.

Leeper, J. E. (1996). *Early steps toward the assimilation of theory of multiple intelligences into classroom practice: Four case studies*. Doctor dissertation Temple University,

UMI No.: 9623778.

Lindvall, R. (1995). *Addressing multiple intelligence and learning styles: Creating active leaning.* Master's Research Project, Saint Xavier University of Illinois (ED 388397).

Linn, R. L. & Gronlund, N. E. (1995). *Measurement and Assessment in teaching* (7th. ed.). Englewood Cliffs, NJ: Prentice-Hall.

Long, P. & Bowen, J. (1995). *Teaching students to take control of their learning.* Paper present at the International Conference of the Learning Disabilities Association. (ED 381989)

Marsh, C., Day, C., Hannay, L., & McCutcheon, G. (1990). *Reconceptualizing school-based curriculum development.* London : The Falmer.

Mcgraw, R. L. (1997). *Multiple intelligence theory and seventh-grade mathematics learning: A comparison of reinforcing strategies.* Georgia State University. Ph. D. AAC 9733105.

Melrose, R. E. (1997). *Examining the strengths of the learning disabled: multiple intelligences theory as a growth paradigm.* University of Southern California. Ed. D. AAC 9733105.

Meyer, R. E. (1992). *Thinking, problem solving.* New York: W. H. Freeman and Company.

Mueller, M. M. (1995). *The educational implications of multiple intelligence groupings within a cooperative learning environment.* Illinois State University. Ed. D. AAC 9604379.

Nefsky, P. (1997). *The effectiveness of authentic assessment and multiple intelligences theory with an individual with developmental disabilities: A case study in therapeutic arts.* California State University, Long Beach. MA. AAC 1385643.

Nicholson-Nelson, K. (1998). *Developing student's multiple intelligences.* MO: Scholastic Professional Books.

Ornstein, A. C., & Hunkins, F. P. (1998). *Curriculum : Foundations, principles and issues* (3rd ed.). Boston : Allyn & Bacon.

Paris, S. G. & Ayres, L. R. (1994). *Becoming reflective students and teachers.* New York: American Psychological Association.

Perkins, D. N. (1995). *Outsmarting IQ: The emerging science of learnable intelligence.* New York: The Free Press.

Pierce, M. (1997). *Improving elementary students' motivation.* Master's Action Research Project, Saint Xavier University & IRI/Skylight (ED 412002).

Radford, J. D. (1994). *The impact of multiple intelligences theory and flow theory in the school lives of thirteen children.* Indiana University. Ed. D. AAC 9527829.

Raffin, D. S. (1996). *Brain-compatible learning and instruction (Bloom's taxonomy, multiple intelligences, cooperative learning, integrated instruction).* Arizona State University. Ed. D. AAC 9622835.

Rosenthal, M. L. (1998). *The impact of teaching to Gardner's theory of multiple intelligences on student self-esteem.* Saint Louis University. Ed. D. AAT 9911985.

Schonebaum, J. A. (1997). *Assessing the multiple intelligences of children who are deaf with the discover process and the use of American sign language.* The University of Arizona. AAC 1387962.

Scott, O. JR. (1996). *Multiple intelligences and the gifted identification of African-American students.* Old Dominion University. Ph. D. AAC 9639108.

Sharon, S. (1980). Cooperative learning in small groups: Recent methods and effects on achievement, attitudes, and ethnic relations. *Review of Education Research, 50* (2), 241-271.

Slavin, R. E. (1987). *Cooperative learning theory, research, and practice.* Boston: Allyn and Bacon.

Sternberg, R. J. (1994). Commentary: Reforming school: Comments on multiple intelligence: the theory in practice. *Teacher College Record, 95* (4), 562-569.

Sternberg, R. J., Torff, B., & Grigorenko, E. (1998). Teaching for successful intelligence raises school achievement. *Phi Delta Kappan, 79* (9), 667-669.

Teele, S. (2000). *Rainbows of intelligence: Exploring how students learn.* California: Corwin Press, Ins.

Troff, B. (1997). Introduction: the multiple intelligences. In B. Torff (Ed.) *Multiple intelligences and Assessment (pp. vii-x).* IL: IRI Skylight.

Tower, L. & Broadfoot, P. (1992). Self-assessment in the primary school. *Education Review, 44,* 137-151.

Vangilder, J. S. C. (1995). *A study of multiple intelligence as implemented by a Missouri school.* University of Arkansas. Ed. D. AAC 9608005.

Vavrus, L. (1990). Put Portfolio to the test. *Instructor 100, 1*, 48-53.

Walling, D. R. (2001). Rethinking visual art education: A convergence of influence. *Phi Delta Kappan, 82*(8), 626-631.

Ward, W. (1981). *Stories to Dramattize.* New Orleans: Anchoage Press.

Weber, E. F. (1994). *A multiple intelligence view of learning at the high school level.* The University of British Columbia (Canada). Ph. D. AAC NN95406.

Wolffe, R. J. & McMullen, D. W. (1996). The Constructivist connection: Linking theory, best practice, and technology. *Journal of Computing in Teacher Education, 12*(2), 25-28.

Wolf, D. P., Bixby, J., Glen, J., & Gardner, H. (1991). To use their minds well: Investigating new forms of student assessment. In G. Grant(Ed.) , *Review of Research in Education, 17*(pp. 31-74). Washington, DC: American Educational Research Association.

國家圖書館出版品預行編目資料

運用多元智慧的課程與教學：以生活課程為例／歐慧敏著. --初
　　版.--臺北市：心理, 2004（民 93）
　　　面；　　公分.--（一般教育；63）
　　參考書目：面
　　ISBN 957-702-672-9（平裝）

1.生活教育─教學法　　2.小學教育─教學法　　3.九年一貫課
程

523.35　　　　　　　　　　　　　　　　　　　93005966

一般教育 63　運用多元智慧的課程與教學：以生活課程為例

作　　　者：歐慧敏
執行編輯：何采芹
總　編　輯：林敬堯
發 行 人：邱維城
出 版 者：心理出版社股份有限公司
社　　　址：台北市和平東路一段 180 號 7 樓
總　　　機：(02) 23671490　　傳　　　真：(02) 23671457
郵　　　撥：19293172　心理出版社股份有限公司
電子信箱：psychoco@ms15.hinet.net
網　　　址：www.psy.com.tw
駐美代表：Lisa Wu　　tel: 973 546-5845　　fax: 973 546-7651
登 記 證：局版北市業字第 1372 號
電腦排版：辰皓國際出版製作有限公司
印 刷 者：玖進印刷有限公司
初版一刷：2004 年 5 月